Schriftenreihe „Filmstudien“

herausgegeben von
Prof. Dr. Oksana Bulgakowa und Prof. Dr. Norbert Grob

Die Reihe wurde von
Prof. Dr. phil. Thomas Koebner begründet.

Band 77

Leonie Lindstedt

Filmische Atmosphären im Werk von Terrence Malick

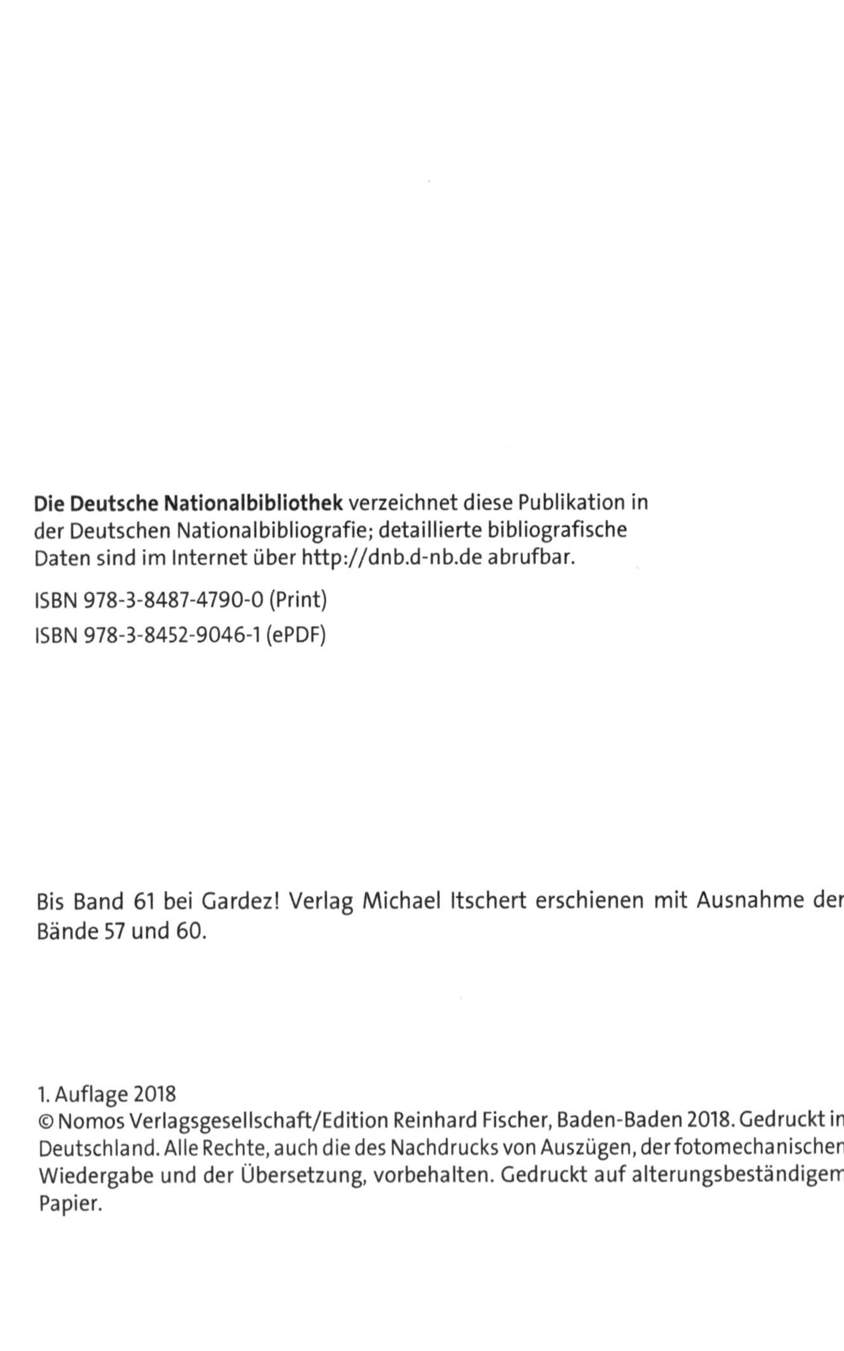

Die Deutsche Nationalbibliothek verzeichnet diese Publikation in der Deutschen Nationalbibliografie; detaillierte bibliografische Daten sind im Internet über http://dnb.d-nb.de abrufbar.

ISBN 978-3-8487-4790-0 (Print)

ISBN 978-3-8452-9046-1 (ePDF)

Bis Band 61 bei Gardez! Verlag Michael Itschert erschienen mit Ausnahme der Bände 57 und 60.

1. Auflage 2018

Inhaltsverzeichnis

1. Einleitung

> Long after its screening has ended, a Malick film continues to live on in our minds, either in its entirety or in fragments, just as lines of poetry continue to illuminate truth long after reading. (Hintermann/Villa 2015: 381)

In dieser Aussage über die Filme des US-amerikanischen Regisseurs Terrence Malick werden dessen Werke in den Kontext einer über die filmische Sichtung hinaus andauernden (Ein-)Wirkung auf den Zuschauer gestellt, die vergleichbar mit der Kraft poetischer Worte sei. Diese den Filmen scheinbar inhärente Ausdruckskraft rührt von einer besonderen Filmerfahrung her, die Malicks Filme abseits des klassisch narrativ geprägten Kinos bieten. Seine Filme verweilen in Bildern, verweilen in Momenten, verweilen in Stimmungen. Sie verlieren sich scheinbar in Assoziationen, Abschweifungen und Eindrücken. Sie lassen Raum für sich über die Visualität der Bilder hinaus entfaltende Wirkungen und stehen für ein äußerst sinnliches Filmerlebnis.
Diese Sinnlichkeit von Malicks Filmen, der selbst als „one of the most singularly visionary and poetic voices in modern American cinema" (Filippidis 2000: o.S.) beschrieben wird, liegt vor allem in seiner oftmals als poetisch beschriebenen visuellen Bildgestaltung begründet (vgl. Davies 2011: 569; vgl. Patterson 2003: 2). Seine Filme strahlen eine atmosphärisch-sinnliche Wirkungskraft aus, die insbesondere in „his often breathtaking use of natural imagery" (Davies 2011: 569) spürbar wird. Malick schafft es dabei, durch seine Filme „a sense of things" (Morrison/Schur 2003: 133) zu entfalten, indem er mithilfe seiner Inszenierungsästhetik eine sinnliche Erfahrung seiner filmischen Welten bietet, diese quasi greifbar macht. Diese über die Bilder seiner „intensely visual" (Lee 2002: o.S.) und „vibrantly sensual" (Rybin 2012: 1) Filme hinaus transzendierende Einwirkung auf sämtliche Sinne des Zuschauers fußt, als Grundthese dieser Arbeit, vor allem auf der atmosphärischen Gestaltung seiner Filme. Die vielzitierte visuelle Poetik der Filmbilder ist nur ein Teil dieser Gestaltungsästhetik. Den Ruf als visueller Poet verdankt Malick einer distinktiven kinematischen Ästhetik und Bildsprache, die sich im Laufe seiner Karriere immer mehr zu einem unverwechselbaren Stil entwickelt hat. Vor allem die Verwendung des Voice-Overs ist zu einem charakteristischen Merkmal seiner Filme avanciert, das gepaart mit einer sehr dynamischen

Kameragestaltung und Montage, einer hohen visuellen Ausdruckskraft der Bilder an sich und dem Einsatz intensiver Musik- und Soundkulissen ein vor allem atmosphärisches Filmerlebnis bietet.

Bei diesem Filmerlebnis wird der filmstilistischen Inszenierung große Bedeutung zugemessen, sodass das *Wie* der Erzählung, Ästhetik und Form der Filme, zu tragenden Elementen werden und das *Was*, den Inhalt, zweitrangig erscheinen lassen. So werden Malicks Filme nicht als geradlinige Erzählungen, sondern als „Collagen von akustischen und visuellen Eindrücken, entrückenden Stimmungen und lange nachwirkenden Augenblicken" (Mihm 2000: 52) bezeichnet. Es entstehen assoziative Bildergeflechte, "[that] push at the boundaries of cinematic expression." (o.A. 2016: o.S.) In dieser Austestung der Grenzen filmischer Ausdrucksformen liegt wohl besagte filmische poetisch anmutende Handschrift begründet, da Malick vor allem in seinen späteren Filmen fast ausschließlich durch Bilder und deren Kombination mit Sound, inneren Stimmen, Musik und Rhythmus eine atmosphärische (Erzähl-)Kraft entfacht, die seine Geschichten vorantreibt. Daraus entsteht eine „narrative synesthesia, where our experience of multiple images and sounds shade over into one another, blur and merge and float." (Orr 2003: 67) Es erscheint nicht unpassend, aufgrund dieser strom- und collagenartigen holistischen Wirkung von Malicks Filmen von einem „Schwebezustand zu [sprechen] [...], der Malicks Fime [...] berauschend macht." (Mihm 2000: 56). Diese Ästhetik eines sinnlichen Erlebens von Atmosphären und Stimmungen, die Malicks Filme durchzieht, kann ihn in einer Reihe mit Regisseuren wie Wong Kar-Wai, Andrej Tarkovskij, David Lynch oder auch Roy Andersson positionieren, die allesamt, in spezifisch individueller Ausprägung, das verbindende Merkmal eint, dass die atmosphärische Gestaltung ihrer Filme als „Schöpfung einer ganz eigenen Zeichenwelt" (Seeßlen 1998: 122) gedacht werden kann. In all diesen Filmen scheint die Atmosphäre als Anknüpfungspunkt, Türöffner und Mittler für nicht direkt artikulierte, indirekte Aussagen, subtile Stimmungen, Assoziationen und Mehrwerte des filmischen Textes zu dienen. Doch was genau versteht man unter einer filmischen Atmosphäre, was unter einer Atmosphäre an sich?

In welcher Atmosphäre lesen Sie beispielsweise gerade diesen Text? Sind Sie sich der Atmosphäre um Sie herum überhaupt bewusst, die „„„nebelhaft den Raum mit einem Gefühlston zu erfüllen [scheint]" (Böhme 2013: 22)? Müssen Sie ob dieser Frage und direkten Ansprache in einer wissenschaftlichen Arbeit gar lächeln? Gestatten Sie mir den Hinweis: „Auch das Lächeln ist etwas Atmosphärisches[.]" (ebd.: 73)

Diese essayistisch anmutenden Worte sollen verdeutlichen, dass Atmosphären im Lebensalltag allgegenwärtig sind. Atmosphären scheinen sich als subjektive Wahrnehmungsphänomene einem wissenschaftlichen Zugang auf den ersten Blick zu entziehen. Denn Atmosphären haftet etwas Fragiles, Flüchtiges, Temporäres an. Sie sind keine konstanten Gegebenheiten. Vielmehr sind sie verwurzelt in der Unmittelbarkeit und Unwiederholbarkeit eines Augenblicks: „Atmosphärische Wirkungen verflüchtigen sich oft so schnell, wie ein Gedanke verschwindet, eine Assoziation sich auflöst." (Blum 2010: 193) Zusätzlich zu dieser temporären Erscheinungsform vollzieht sich das Erleben einer Atmosphäre als „ortsgebundene [...] Wahrnehmung" (Rauh 2007: 133). Atmosphären sind nicht starr, vielmehr entfalten sie sich innerhalb einer nicht genau zu konturierenden Sphäre, scheinen als Präsenz in der Luft zu liegen, schwebend, nicht haftend: „etwas, das sich entzieht, um umso wirkungsmächtiger präsent sein zu können[.]" (Becker 2010: 10) Diese fehlende Haptik, das Unvermögen, Atmosphären faktisch zu fassen zu bekommen, hebt sie in den Phänomenbereich der Sinneswahrnehmung und Empfindungen.

Die ursprüngliche naturwissenschaftliche Wortbedeutung von Atmosphäre (gr. *atmós* 'Dunst' und gr. *sphaĩra* 'Kugel') als gasförmige Erdhülle hat im Laufe ihrer Etymologie semantische Verschiebungen und Erweiterungen erfahren. Im meteorologischen Kontext wurde der Begriff vor allem für die Beschreibung von Naturerscheinungen, etwa von Witterungs- und Wetterphänomenen wie Nebel, Dunst oder bestimmten Lichtverhältnissen angewandt. Aus diesem Wortursprung lassen sich einige Aspekte fruchtbar machen für die sich seit dem 18. Jahrhundert im ästhetischen Diskurs entwickelnde Bedeutungsebene, die Atmosphären als in einer bestimmten Umgebung vorherrschende Stimmung auffasst. (vgl. ebd.: 114 f.) Einerseits teilen beide Begriffsbedeutungen Eigenschaften wie das diffuse Ausfüllen und Einhüllen einer Umgebung, das „offene Umfangende, Mediale[,] [...] Fluidale" (Henckmann 2007: 48) sowie eine gewisse „körperlich-sinnlich wahrnehmbare Erlebnisqualität" (ebd.) der atmosphärischen Erscheinung. Andererseits ist in Änderungen der meteorologisch-atmosphärischen Witterungsverhältnisse eine Analogie zu subjektiven Stimmungsänderungen bei Menschen zu beobachten. Die atmosphärischen Wetterphänomene können dabei gar als Stimmungsauslöser fungieren. Atmosphärische Wetterumschwünge und Naturerscheinungen sind gekennzeichnet durch Übergangsphasen, innerhalb derer ein Ort oder eine Landschaft etwa durch eine Veränderung der Licht- oder Sichtverhältnisse eine gewisse Wirkung und Präsenz auf den Wahrnehmenden ausstrahlt, und so ein Phänomen wie der Dunst „eine emotional wirksame Veränderung der sichtbaren Welt [mit sich bringt.]" (Böhme 2007 b: 237) (vgl. Bautz 2007: 113 f.) So wird der meteorologische Begriff auf die Erlebnissituation des Menschen in einer gewissen Umgebung übertragen und die Atmosphäre im Sinne eines „Phänomen[s] einer Kontakterfahrung" (Grabbe 2013: 84) als eine „Grenzauflösung zwischen Person und Umwelt" (Bautz 2007: 114) beschrieben.

Dabei vermitteln Atmosphären eine vom Subjekt gelöste, räumliche Präsenz, die mit der Ortsgebundenheit korreliert, jedoch nicht mit physikalisch-räumlichen Größen gleichzusetzen ist. Diese räumliche Präsenz macht „Raumqualitäten und -spannungen, synästhetische Wechselspiele und Zusammenklänge" (Rauh 2012: 82) erlebbar. Atmosphären scheinen Räumlichkeiten „wie losgelöste Eigenphänomene [zu] überspannen und umschmiegen[.]" (Löffler 2013: 25) Dies verweist auf die noch näher zu beleuchtende Frage nach der Korrelation von objektiv anmutendem Atmosphärephänomen auf der einen und subjektivem Erleben durch den Wahrnehmenden auf der anderen Seite, deren Zusammenspiel als ein konstituierendes Merkmal einer Atmosphäre und deren Wahrnehmung gilt. Die theoretische Auseinandersetzung mit dem Begriff der Atmosphäre kreist seit jeher um die Frage, ob Atmosphären als subjektive oder objektive Phänomene einzustufen sind, und wenn sie als ein gewisses Zwischenphänomen charakterisiert werden, wie dieses Zwischen denn zu bestimmen ist. Weil sich in diesem Zwischen eine graduelle Auflösung der Pole „subjektiv" und „objektiv" finden lässt, und Atmosphären innerhalb teils flüchtiger Konstellationen zwischen Dingen, Menschen und Umgebungsräumen entstehen, ist es schwierig, dieses Zwischen selbst und dessen Wirkungs- und Wahrnehmungsweise als „Relationsding[]" (Wulff 2012: 109) zwischen Subjekt und Objekt genau fassen zu können. Atmosphären können ontologisch bestimmt werden als „ein klarer Wahrnehmungsbezug von Subjekt und Objekt[.]" (Rauh 2012: 107) Die genaue begriffliche Explikation der Beschaffenheit dieses Wahrnehmungsbezugs, dieses Zwischens scheint sich jedoch durch eine gewisse Allgemeinheit in der Formulierung oder auch als nicht genau schematisch zu Strukturierendes auszuzeichnen.

So ist etwa die Verwendung im Alltag größtenteils durch Vagheit, Vieldeutigkeit und einen oftmals metaphorischen Gebrauch des Begriffes gekennzeichnet. (vgl. ebd.: 23ff.) Gleichzeitig zeigt sich eine recht diversitäre Ansammlung von Bereichen, in denen dieser Begriff auf deskriptiver Ebene im Alltag Anwendung findet, bei der Atmosphäre eines Festes, einer Theateraufführung, einer Einkaufsmeile, einer politischen Debatte, eines Stadtviertels, einer Gesprächssituation oder eines Parkspaziergangs. Dabei wird der Begriff „hauptsächlich angewandt auf Naturerlebnisse, Wetterlagen, Lebensräume, Menschen." (Henckmann 2007: 54) Die Alltagssprache kann deshalb als „methodischer Zugriffsort auf Atmosphären" (Rauh 2012: 201) im Sinne einer „Ausgangsplattform, von der aus die Facetten sprachlicher Bezeichnung ausgelotet werden können" (ebd.: 27) fruchtbar gemacht werden. Der „qualitative[] und damit charaktervolle[] Wortgebrauch im Umfeld der >Atmosphäre<" (ebd.: 29) mittels Adjektiven und Genitivverknüpfungen kann hierbei als Beleg dafür genommen werden, wie vielfältig die Eigenschaften und Wirkungen von Atmosphären sein können. Atmosphären können etwa als melancholisch, heiter, trist, gespannt, fröhlich, unheimlich, beengend, beflügelnd, kreativ, anregend oder mysteriös sowie als Atmosphären des Grauens, der Schwere, des Unbekannten, des Erhabenen, des Transzendenten, der Ekstase, des Besinnlichen u.a. bezeichnet und dadurch in ihrem Charakter bestimmt werden. (vgl. Böhme 2013: 21 f.; vgl. Böhme 2002: 31) Die Vielfalt der Verwendungsweisen des Terminus der Atmosphäre sowie der möglichen Charakterisierungen von Atmosphären(-wirkungen) trägt dazu bei, dass dem Begriff eine gewisse Diffusität und Vagheit anhaftet. (vgl. Rauh 2012: 27) Woher sonst rührt diese Unschärfe und die Schwierigkeit, Atmosphären terminologisch zu fassen?

Dies hängt vor allem damit zusammen, dass sich Atmosphären aufgrund ihrer fluidalen, sphärenhaft anmutenden Beschaffenheit an sich als komplexe Phänomene erweisen, die in einen spezifischen individuellen Wahrnehmungszusammenhang eingebunden sind. Dieser hat zur Folge, dass Atmosphären sich einem rational-objektiven, analytischen Zugang bis zu einem gewissen Grad entziehen. Rauh führt im Zuge dessen an, dass der Atmosphäre eine epistemische Vagheit anhafte. Diese zeichne sich dadurch aus, dass mit einer Definition der Atmosphäre keine zwangsläufig klare Erkenntnis verbunden sei, denn in welchem Umfang welche Wirkfaktoren eine Atmosphäre bestimmten, sei aufgrund des Erkenntniszusammenhangs innerhalb der menschlichen Wahrnehmung nur bedingt möglich, da sich diese nicht durch Ziehung scharfer Grenzen auszeichne. (vgl. ebd. 187 f., 193 f.) Dass Atmosphären epistemisch vage in ihrer Bestimmung seien, fasst Rauh jedoch nicht als Defizit im Diskurs auf. Im Gegenteil macht er den Begriff der Vagheit fruchtbar für das Erfassen des Phänomens der Atmosphäre, da dieser einerseits ein Verständnis öffne „für unklare Grenzziehungen, für Grenzfälle, methodische Unsicherheiten, die es auszuhalten gilt" (ebd.: 199), und somit gegen eine idealsprachliche Forderung nach der Exaktheit von Begriffen zugunsten der Phänomengerechtigkeit votiere. Andererseits werde er dem *Wahrnehmungs*phänomen Atmosphäre gerecht, das nicht immer exakte Beschreibungen ermögliche. Zusätzlich verweise die Vagheit auf die Differenz von Erlebnis- und Beschreibungszusammenhang. (vgl. ebd.)

Aufgrund dieser Differenz stellt es kein leichtes Unterfangen dar, ein derart an eine subjektive, emotional-affektiv getönte Wahrnehmungssituation gekoppeltes sinnliches Phänomen wie die Atmosphäre in eine theoretisch-distanzierte, sprachbasierte Erörterung zu überführen. Um auf der reflexiven Beschreibungs- und Analyseebene so präzise und umfassend wie möglich die atmosphärische Wirkungskraft ins Sprachliche transportieren zu können, respektive die „Differenz zwischen gespürter Atmosphäre und distanziert bezeichneter, beurteilter Atmosphäre" (ebd.: 191) zu überbrücken, werden sprachliche Umschreibungen mittels Adjektiven, Vergleichen, Metaphern und poetisch anmutenden Ausschmückungen angewandt. Das „Einweben der Atmosphäre in Wortschleier" (ebd.: 201) scheint bisweilen oftmals die einzig adäquate deskriptive Ebene zu sein, die das Wesen, die Wirkungsweise sowie den Charakter einer Atmosphäre, zwar ausschmückend, jedoch auch ganzheitlich und prägnant sprachlich zu fassen bekommt, „benennbar und intersubjektiv aushandelbar [macht.]" (ebd.: 200)

Die Wahrnehmung einer Atmosphäre kann nicht einem einzelnen Sinnesorgan zugeschrieben werden. (vgl. Henckmann 2007: 47 f.) Stattdessen ist es gerade die Totalität eines sinnlichen Gesamteindrucks, ein „stimmiges Zusammenwirken verschiedener Sinneseindrücke" (Bautz 2007: 119), das als Charakteristikum eines atmosphärischen Erlebnisses heraussticht. Dieser „atmosphärische[] Totaleindruck" (Huizing 2007: 167) ergibt sich aus der „Vielheit der einzelnen Sinnesmodalitäten, [...] [und vor allem den] Überschneidungen dieser Modalitäten hin zur Synästhesie" (Rauh 2012: 135). Dabei stellt eine Atmosphäre kein starres Phänomen dar, sondern zeichnet sich durch Dynamik mit prozessualem Charakter aus, innerhalb derer die Gewichtung einzelner Wahrnehmungseindrücke wechseln kann. Wenn beispielsweise eine Farbwahrnehmung mit der eines Duftes verschmilzt, ist nicht genau herauszukristallisieren, welche Wahrnehmung welcher folgt, welche welche bedingt, verstärkt, anregt oder abschwächt. (vgl. ebd.: 80)

Die bisherigen Ausführungen charakterisieren Atmosphären als in erster Linie sinnliches Erlebnis. In weiterer Ausdifferenzierung zeigt sich jedoch, dass im Prozess der Wahrnehmung einer Atmosphäre ein sinnlich-atmosphärischer Eindruck oftmals sukzessive übergeht in emotionale, innerliche Anmutung des Wahrnehmenden. Diese Einwirkung auf die affektive Gefühlsebene ist nicht zwingend, denn das Vorhandensein einer Atmosphäre kann auch weitgehend distanziert wahrgenommen werden. Sie kommt jedoch häufig vor und ist kennzeichnend für das volle Eintauchen in ein atmosphärisches Erlebnis, das auf so unterschiedlichen Auslösern wie Tönen, Duft, Bildern oder einer erlebten Situation fußen kann. Auch das reflexive Benennen dieser durch Atmosphären angeregten innerlichen Ergriffenheiten gestaltet sich teils als komplex, denn manche Atmosphären, wie etwa eine Atmosphäre des Geheimnisvollen oder der Beklemmung, können nicht auf Anhieb mit einer eindeutigen Gefühlsdimension in Verbindung gebracht werden wie etwa die Atmosphäre der Heiterkeit. (vgl. Löffler 2013: 25) Zumal sich der Bereich der Gefühle, Befindlichkeiten und Affekte, in die das Phänomen der Atmosphäre hineinreicht, generell exakter Begrenzungen und Bestimmungen entzieht. Daraus ergibt sich für das „Erleben von Atmosphären […] ein komplexes Konglomerat verschiedener leiblicher, reflexiver, emotionaler und sozialer Komponenten[.]“ (Heibach 2012: 279) Die einzelnen Komponenten dieses Konglomerats und ihre Wirkungsgewichtung innerhalb der atmosphärischen Wahrnehmung herauszukristallisieren, entzieht sich gängiger Analysesystematiken. Ein konstitutives Merkmal von Atmosphären besteht nämlich in ihrer „internen Kontrastschwäche“:

> Bei Atmosphären ergibt sich ihre Stimmigkeit dadurch, dass von Anfang an die Unterschiede weniger Profil haben. Die Aufmerksamkeit gleitet fast unmerklich von einem zum anderen, wobei sie die Einzelheiten nicht identifiziert, sondern an einer Kleinigkeit die Repräsentanz des Ganzen zu spüren glaubt. So eindrücklich und deutlich Atmosphären erscheinen können, sie vermitteln die Bestimmtheit ihrer Färbung nicht durch Unterschiede. Aufgrund dieser internen Kontrastschwäche gibt es auch keine wirkliche Analyse oder Systematik von Atmosphären in dem Sinn, wie Kunstwerke analysiert oder interpretiert werden können. (Bautz 2007: 118)

Die analytischen Herausforderungen, die das Phänomen der Atmosphäre an den Theoretiker stellt, spiegeln sich auch in theoretischen Ansätzen wider, in denen nicht der *eine* Begriff oder die *eine* Definition der Atmosphäre zu finden ist, die als allumfassend zitierfähig wäre. Es lassen sich hingegen aus mehreren Disziplinen und Blickwinkeln Definitionen und Annäherungen finden, die unterschiedliche Facetten und Nuancen der Atmosphären in den Mittelpunkt stellen.[1] Da sich dabei durchgehende gemeinsame Nenner wie die Räumlichkeit oder das wie auch immer geartete Zwischen der Atmosphären zwischen Subjekt und Objekt finden lassen, kann der Atmosphärebegriff im ästhetischen Diskurs als graduell mehrdeutiger Begriff bezeichnet werden. Die einflussreiche Theorie der Atmosphären nach dem Philosophen Gernot Böhme wird der Ausgangspunkt dieser Arbeit sein, um sich an das Phänomen der Atmosphären heranzutasten.

Auch bezüglich filmischer Atmosphären gibt es bis dato kein allumfassendes Konzept, das eine einheitliche Definition oder Theorie bietet, die sämtliche Merkmale und Faktoren der filmischen Repräsentations- und Wirkungsebenen vereint, die an der Gestaltung, Ausdrucks- und Wirkungsweise sowie der Wahrnehmung von filmischen Atmosphären beteiligt sind. Die Filmwissenschaft hat jedoch aus unterschiedlichen Theorietraditionen stammende Beschreibungskategorien hervorgebracht, die fruchtbar für die Auseinandersetzung mit filmischen Atmosphären gemacht werden können. Die Ausführungen dieser Arbeit stützen sich auf Ansätze der Emotions- und Kognitionsforschung nach Greg M. Smith und Carl Plantinga, der Filmphänomenologie nach Vivian Sobchack, dem Spannungsfeld zwischen stilistisch-ästhetischen und narrativen Elementen filmischer Atmosphären mit Beiträgen von Britta Hartmann, Hans J. Wulff sowie Robert Sinnerbrink sowie ebenso auf essayistische Annäherungen von Georg Seeßlen und Béla Balázs, um sich dem Wesen der filmischen Präsentation von Atmosphären zu nähern.[2]

In diesem weit gefassten Darstellungs- und Wirkungskontext Kategorien und Begrifflichkeiten für diese wirkungsästhetischen und schwer fass-

---

1 Atmosphären werden in Bereichen wie Fotografie und Museumskontexten (vgl. Becker 2010), als eigener Kognitionstyp im Kontext eines neuroökologischen Konzepts (vgl. Löffler 2013), in Kunst, Medien, (Lebens-)Räumen (vgl. Goetz 2012), Räumlichkeit und Architektur (vgl. Blum 2010; vgl. Böhme 2006) oder etwa als räumliche Gefühle (vgl. Schmitz 2009; vgl. Andermann/Eberlein 2011 b) kontextualisiert.

2 Ansätze, die sich im Rahmen filmischer Atmosphären etwa mit der Beschaffenheit des Filmmaterials und dessen atmosphärischer Wirkung in u.a. historisch-gesellschaftlichen Kontexten beschäftigen und/oder die „räumlich-sozialen, materialen und apparativen Komponenten des filmischen Gegenstandes in seinen Aufführungskontexten“ (Tröhler 2012: 15) in den Blick nehmen und Aspekte wie aufführungs- und situationsbedingte Empfänglichkeit für filmisch gestaltete Atmosphären mit einer im Kinodispositiv besonderen Wahrnehmungssituation koppeln, sollen hiermit nicht unerwähnt bleiben, sind jedoch nicht Thema dieser Arbeit.

baren Phänomene der filmischen Atmosphären zu entwickeln, stellt die Forschung vor komplexe Aufgaben. Der Versuch, einen allumfassenderen Überblick über filmische Atmosphären zu bieten, wurde im deutschsprachigen Raum in jüngster Zeit durch den Sammelband *Filmische Atmosphären* in Angriff genommen. (vgl. Brunner/Schweinitz/Tröhler 2012)[3]

Es erscheint erstaunlich, dass Terrence Malicks Filme in der Forschungsliteratur bisher noch nicht explizit im Hinblick auf ihre atmosphärischen Wirkungen untersucht wurden.

Dass ein Primat des Atmosphärischen in seinen Filmen vorherrscht und diese maßgeblich prägt, wird wohl in theoretischen Erörterungen seiner Filme stets mitgedacht. Dies hat aber bisher noch zu keiner wissenschaftlichen Auseinandersetzung mit diesem Aspekt geführt. Ein erster Ansatz, diese Lücke zu schließen, soll sich in dieser Arbeit finden. Um die filmischen Atmosphären möglichst allumfassend beschreiben zu können, müssen die Ausführungen dieser Arbeit exemplarisch vorgehen. Bei der Analyse prägnanter atmosphärischer Szenen und Sequenzen aus Malicks Filmen BADLANDS (BADLANDS – ZERSCHOSSENE TRÄUME, USA 1973), DAYS OF HEAVEN (IN DER GLUT DES SÜDENS, USA 1978), THE THIN RED LINE (DER SCHMALE GRAT, USA 1998), THE NEW WORLD (USA 2005), THE TREE OF LIFE (USA 2011), TO THE WONDER (USA 2012) sowie KNIGHT OF CUPS (USA 2015) wird sich eine sukzessive (Weiter-)Entwicklung der atmosphärischen Gestaltung seiner Filme herauskristallisieren, bei der sich deutliche Unterschiede zwischen den Frühwerken und der Schaffensperiode ab THE THIN RED LINE erkennen lassen.[4] Im Kontext dieser Entwick-

3 Der Sammelband thematisiert u.a. unterschiedliche Aufführungskontexte, Materialien und Formate des Films, ästhetisch-narrative Effekte, das analoge Filmbild selbst sowie Bildkompositionen im Kontext filmischer Atmosphären. Dabei werden filmische Atmosphären u.a. im Rahmen des Narrativen, vor allem im Terminus der atmosphärischen Dichte, behandelt sowie einzelne filmische Darstellungspraktiken und Elemente (etwa das Fluide des Wassers oder die Technik der Schärfenverlagerung), welche Visualität und filmische Expressivität in den Vordergrund stellen, in den Blick genommen. Auch atmosphärische Wirkungen von Oberflächentexturen, Licht- und Farbgebung, Auditivem, Zeitdarstellungen im Film sowie einzelnen Objekten wie etwa Hüten werden analysiert. (vgl. Brunner/Schweinitz/Tröhler 2012.).

4 Da Malicks neuester Film SONG TO SONG (USA 2017) erst in der Endphase der Fertigstellung dieser Arbeit veröffentlicht wurde, kann er nicht in die Analysen miteinbezogen werden. Da dieser Film in seiner atmosphärischen Gestaltung den vorherigen stark ähnelt, fehlen dadurch keine entscheidenden Erkenntnisse.

lung wird im Fazit die Frage gestreift, ob sich die atmosphärische Gestaltung der Filme als Ausdruck eines individuellen Stils Malicks deuten lässt.

Beginnen werden die Ausführungen mit Malicks Erzählstil, der aufgrund einer sehr spezifischen Montageästhetik und dem Einsatz des Voice-Over sehr prägend für die atmosphärische Gestaltung seiner Filme ist. Diese beiden Gestaltungsmittel finden im Hinblick auf filmische Atmosphären nur selten detaillierte Erwähnung, denn oftmals wird der Fokus auf die atmosphärische Tönung filmischer Umgebungsräume gelegt, etwa durch Beleuchtung, Farbgebung oder Musikeinsatz. So werden etwa die Stimmungen des Film Noir vor allem auf dessen Licht- und Schattensetzung zurückgeführt. Dieser Verweis impliziert, dass filmische Atmosphären auch im Kontext der Untersuchungen historischer Filmstile und Filmgenres eine Rolle spielen können. Bei Malicks Erzählstil finden sich etwa bezüglich der Montagegestaltung Berührungspunkte mit dem französischen Impressionismus, insofern auch diese Filme geprägt sind von einer Montage, die assoziative Bildverknüpfungen schafft, um Stimmungen, Emotionen und Sinneseindrücke der Protagonisten zum Ausdruck zu bringen. Die Montage der Filme Malicks wird sich explizit als atmosphärische Kategorie hervortun.

Die weiteren Analysen führen über die atmosphärischen Gestaltungs- und Wirkungsweisen von Kamera, Setting, Licht- und Farbeinsatz, Musik und Soundkulisse sowie der äußerst sinnlichen Interaktion der Figuren miteinander zu abschließenden Erörterungen über das Verhältnis der Atmosphären zur narrativen Gestaltung der Filme. Phänomenologische Ansätze werden dabei vor allem im Kapitel zur filmischen Inszenierung eine Rolle spielen, indem die Wirkungen filmischer Atmosphären in den Kontext einer verkörperten Filmwahrnehmung gestellt werden. Die Kapiteleinteilungen sind dabei nicht als starre Trennungen zu verstehen. Vielmehr dienen sie als Schwerpunktsetzungen, bei denen aufgrund der synästhetischen Gesamtwirkung der atmosphärisch-stilitischen Mittel eines Films Überschneidungen in den Analysen vorkommen können. Die Untersuchung der filmstilistischen Gestaltung der Atmosphären wird Repräsentations- und Darstellungsebene mit der Wahrnehmungs- und Wirkungsebene filmischer Atmosphären verbinden. Dies erscheint ein adäquates Mittel, um das anfangs angesprochene sinnliche Filmerlebnis, das Malicks Filme bieten, in seiner Fülle beschreiben zu können.

Folgende Fragen werden dabei u.a. implizit als Leitfäden mitgedacht:

Welche generellen Elemente der filmischen Ausdrucksform dienen der atmosphärischen Gestaltung eines Films? Sind filmische Atmosphären vollends auf der stilistisch-ästhetischen Ebene zu verorten? Oder gibt es ein Wechselverhältnis zwischen Atmosphäre und Narration? Können Atmosphären dabei als dramaturgisch relevante Größen fungieren? Gibt es Brüche und Wechsel zwischen den Atmosphären innerhalb eines Films? Inwieweit werden sinnlich-haptische Erfahrungssphären zwischen Zuschauer und der medial dargestellten fiktionalen Welt durch sie etabliert? Weitere Ausführungen beschäftigen sich damit, wie sich atmosphärische Eindrücke innerhalb des filmischen Raums entfalten. Wie steht es dabei um die Beziehung der Figuren zum filmischen Raum, zum sie Umgebenden? Inwieweit greift diese räumliche Wirkung auf den Zuschauer und dessen subjektive Erfahrung einer filmischen Atmosphäre über?

Im Fazit schließlich wird thematisiert, ob sich Malicks Filme in die vorgestellten theoretischen Ansätze und Annäherungen rund um Atmosphären im Film einordnen lassen oder sich die Atmosphären seiner Filme diesen in manchen Aspekten entziehen.

2. Der Begriff der Atmosphäre nach Gernot Böhme

Gernot Böhme wählt einen phänomenologischen Zugang, um das Feld der Atmosphären bestimmen zu können. (vgl. Böhme 2013: 22ff.)[5] Dieser stellt die sinnliche (Wahrnehmungs-)Erfahrung des Phänomens der Atmosphäre sowie eine affektive Teilnahme des Menschen an diesem in den Vordergrund, insofern dabei „Wahrnehmung verstanden [wird] als die Erfahrung der Präsenz von Menschen, Gegenständen und Umgebungen." (ebd.: 25) „[Die] Beziehung von Umgebungsqualitäten und menschlichem Befinden" (ebd.: 22 f.) bildet dabei den Grundpfeiler von Böhmes Theorie, wobei er „[d]ieses *Und*, dieses zwischen beidem, dasjenige, wodurch Umgebungsqualitäten und Befinden aufeinander bezogen sind" (ebd.: 23), dasjenige, „was zwischen den objektiven Qualitäten einer Umgebung und unserem Befinden vermittelt" (Böhme 2006: 16) als die Atmosphären herauskristallisiert.

Diese Bezogenheit des eigenen Befindens auf die Umgebung, das beschriebene Zwischen, entspinnt sich in der Wahrnehmung einer Atmosphäre. (vgl. Rauh 2012: 107) Beim phänomenalen Wahrnehmungsprozess im Sinne der Aisthetik wird Wahrnehmung nicht in die Sinne des Sehens, Hörens, Tastens, Riechens und Schmeckens aufgespalten, „sondern im konkreten Augenblick und am konkreten Ort als [...] Prozess des Betroffenwerdens" (ebd.: 111), als „Erfahrung davon, daß ich selbst da bin und wie ich mich, wo ich bin, befinde" (Böhme 2002: 25) aufgefasst. Dabei sei eine ursprüngliche „Einheit der Sinneserfahrung" (ebd.), die Böhme Synästhesie nennt, charakteristisch für die Wahrnehmung einer Atmosphäre. (vgl. ebd.: 23ff.) Diese Wahrnehmung müsse phänomenologisch betrachtet werden, „das heißt so wie man sie erfährt" (ebd.: 24) etwa als Erfahrung einer Erregung oder Beunruhigung statt als Hören von Schritten in visueller Dunkelheit. Ohne dabei bereits in einzelne, getrennt voneinander wirkende Sinneswahrnehmungen ausdifferenziert zu sein, werde stattdessen „das atmosphärische Spüren von Anwesenheit [als] das grundlegende Phä-

5 Vgl. Rauh 2012: 101ff. sowie Becker 2010: 119ff. für weiterführende Erläuterungen zum Programm der Aisthetik, die Böhme als „allgemeine Wahrnehmungslehre" (Henckmann 2007: 49) konzipiert, und in deren Rahmen er sein Konzept der Atmosphären verortet.

nomen von Wahrnehmung" (ebd.: 24 f.) deutlich, das „zugleich und ungeschieden das Spüren von mir als Wahrnehmungssubjekt wie auch das Spüren der Anwesenheit von etwas [sei]." (ebd.: 26) Im Zuge dieser Auffassung von Wahrnehmung bezeichnet Böhme die Atmosphäre als „primäre[n] Wahrnehmungsgegenstand" (ebd.: 25). Denn die Atmosphäre wird primär vor allem anderen, vor den Objekten im Raum oder der Reflexion über die eigene Befindlichkeit gespürt. (vgl. Rauh 2012: 99 f.)

Um zu klären, ob Atmosphären „den Objekten oder Umgebungen, von denen sie ausgehen [...] oder den Subjekten, die sie erfahren [zuzuschreiben sind]" (Böhme 2013: 22), will Böhme den Atmosphärenbegriff aus genau dieser Dichotomie von Objekt-Subjekt befreien. Laut Böhme nämlich „sind Atmosphären [...] etwas zwischen Subjekt und Objekt, eine gemeinsame Wirklichkeit beider." (Böhme 1998: 19 f.) Das Verhältnis von Subjekt zu Objekt müsse neu bestimmt werden.

Der Mensch, das Subjekt, wird dabei von Böhme als Leib gedacht, der sich selbst in Relation zu seiner Umgebung wahrnimmt und sich dabei *in* diese Umgebung auf eine gewisse Weise eingebettet fühlt, also durch die Qualitäten der Umgebung in seinem eigenen Empfinden beeinflusst wird: „Sich leiblich spüren heißt zugleich spüren, wie ich mich in einer Umgebung befinde, wie mir hier zumute ist." (Böhme 2013: 31)[6]

Ein Objekt hingegen müsse im Kontext der Atmosphären durch die „Art und Weise, wie es aus sich heraustritt" (ebd.: 33) beschrieben und erfahren werden. Böhme versucht auf diese Weise eine gewisse Artikulation der Präsenz des Dinges zu fassen, die spür- und wahrnehmbar ist und auf ihre Umgebung ausstrahlt, die Umgebung tönt und tingiert. (vgl. ebd.: 32 f.) Böhme wählt für dieses Aus-sich-Heraustreten den Ausdruck der „Ekstasen des Dings" (ebd.: 33). Allein die Form eines Dinges wirke nach außen, dessen Volumen sei zudem als „die Mächtigkeit seiner Anwesenheit im Raum" (ebd.) zu verstehen. Die Ekstasen des Dinges stellen die

---

6 Diesem Verständnis liegt eine von Hermann Schmitz in der Neuen Phänomenologie verankerte Auffassung von Leiblichkeit zugrunde, welche den in seiner Gesamtheit aus der Perspektive des Spürenden erlebten und gespürten Leib vom objektiv mit den Sinnen aus der Außenperspektive erfass- und messbaren Körper unterscheidet. (vgl. Andermann/Eberlein 2011 a: 8 f.) Dieser Unterscheidung folgend bezeichnet Schmitz den eigenen Leib eines Menschen als das, was dieser unabhängig von der Wahrnehmung durch seine fünf Sinne oder der habituellen Vorstellung vom eigenen Körper innerhalb seiner leiblichen Sphäre spüren kann. Die eigenleibliche Erfahrung wird so als körperlicher Wirklichkeitsbezug des Menschen in den Fokus der phänomenologischen Betrachtungsweise gerückt. (vgl. Schmitz 2009: 15ff.).

sinnliche Präsenz des Dinges im Raum dar, die Wirkung des Dinges auf den Wahrnehmenden und die Wahrnehmung selbst. (vgl. Rauh 2012: 90 f.) Für Böhme umfasst der Begriff des Objekts respektive des Dinges dabei nicht ausschließlich ein Objekt im Sinne eines Gegenstandes, sondern neben Gegenständen ebenso „andere Subjekte, Situationen und Ereignisse [...], die dem wahrnehmenden Subjekt als Nicht-Eigenes [...] begegnen." (ebd.: 90)

Somit sind für Böhme Atmosphären einerseits insofern etwas „Dinghaftes" (Böhme 2013: 33), als dass Dinge, also alles gegenüber dem wahrnehmenden Subjekt Nicht-Eigene, durch ihren „ekstatischen Charakter [...], d.h. in Hinblick auf das, was sie *ausstrahlen*[,]" (Böhme 1998: 9) im Raum spürbar und anwesend sind und auf diese Weise Atmosphären im Zusammenspiel der Ekstasen der Dinge erzeugt werden können. Andererseits seien Atmosphären gleichzeitig „subjekthaft" (Böhme 2013: 34), da sie durch die leiblich anwesenden Subjekte, die Menschen, gespürt werden, „als das, was von anderen Menschen, Dingen oder der Umgebung ausgeht." (Böhme 1998: 56) Auf diese Weise werde man in seinem eigenen Befinden gestimmt, in Form einer „Tendenz, in eine bestimmte Stimmung zu geraten." (Böhme 2007 a: 38) Demnach seien die Atmosphären „durch die Subjektivität des Wahrnehmenden in ihrem Was-Sein, ihrem Charakter, mitkonstituiert." (Böhme 2002: 33), indem das wahrnehmende, empfindende Subjekt „affektiv von ihnen betroffen ist." (ebd.: 26)

Neben Subjekt und Objekt spielt ebenso die Komponente der Räumlichkeit bei Böhmes Atmosphärenbegriff eine große Rolle.[7] Dabei ist der Raum nicht als klar örtlich und physikalisch abzugrenzende Größe zu verstehen. Vielmehr haben Atmosphären in ihrer eigenen Beschaffenheit etwas diffus Räumliches. Es handelt sich bei dieser räumlichen Dimension um eine nicht klar zu konturierende, „unbestimmte Räumlichkeit, in die Atmosphären ergossen sind[.]" (Böhme 1998: 98) Allein das Spüren einer Atmosphäre durch ein Subjekt gibt dieser eine räumliche Dimension, da dieses Spüren laut Böhmes leibphilosophischem Ansatz das „leibliche[] Sich-Befinden der Subjekte im Raum" (Böhme 2013: 34) sei und die Atmosphären selbst dabei als „Sphären gespürter leiblicher Anwesenheit"

7 Diese Räumlichkeit von Atmosphären wird laut Böhme vor allem bei sogenannten Ingressionserfahrungen wahrgenommen. In diesen wird ein Atmosphärenwechsel erlebt, indem ein Subjekt in eine neue Atmosphäre hineingelangt, etwa durch das Hineintreten in einen durch eine bestimmte Atmosphäre gestimmten Raum. (vgl. Böhme 1998: 46; vgl. Böhme 2002: 27 f.).

(Böhme 2007a: 38) bezeichnet werden, da leiblich gespürte Befindlichkeiten immer auch „Befindlichkeiten im Raume" (ebd.: 40) seien. Somit wird das Spüren und das Sich-Befinden in einer Atmosphäre immer in Relation zu der leiblichen Präsenz des Menschen innerhalb des atmosphärischen Raumes gedacht. Atmosphären werden hierbei als „gestimmte Räume" (Böhme 1998: 73), als leibliche Erfahrung von räumlicher Qualität aufgefasst.

Böhmes Ansatz der Räumlichkeit der Atmosphären folgt im Grundsatz der Vorstellung einer flächenlosen räumlichen Ausbreitung der Atmosphären nach Herrmann Schmitz. Dieses Konzept basiert auf der Vorstellung eines flächenlosen Raumes, der „keinen fest konturierten Ort besetzt, sondern sich konturlos in die Weite ergießt." (Andermann 2011: 91) Demgegenüber stehe ein durch physikalische Größen und Abstände bestimmter, „dem Leib durch Fläche entfremdeter Raum, der [...] so genannte Ortstraum[.]" (Schmitz 2009: 47) Die atmosphärische Räumlichkeit wirkt als „Verdichtung" (Rauh 2012: 128), die mit dem Ortsraum in einer dynamischen Wechselwirkung steht. So werden Atmosphären „weniger *in* einem Raum, sondern vielmehr *als* Raum gewahr" (ebd.). Der flächenlose Raum ist so bestimmt als

> *Wahrnehmungsraum* oder Empfindungsraum, der als relationaler Raum in Bezug zu den wahrnehmenden Subjekten gedacht wird, als von Qualitäten gestimmter Raum, als psychischer, flächenloser, nicht abmessbarer Raum der Wirklichkeit. (ebd.)

Böhme beschreibt diese wahrnehmungsräumliche Wirkung von Atmosphären als „unbestimmt räumlich ausgebreitete Stimmung, quasi objektiv." (Böhme 2002: 27) Der Zusatz „quasi"-objektiv impliziert, dass die bereits erwähnte subjektive Tönung bei der Wahrnehmung von Atmosphären mit dieser scheinbar objektiven Gestimmtheit eines (Wahrnehmungs-)Raumes verwoben ist, beide also zum Entstehen und Erkennen einer Atmosphäre beitragen. Zur Auflösung der Dichotomie von Subjekt und Objekt beantwortet Böhme nun die eingangs gestellte Frage nach dem Status von Atmosphären seinen Ausführungen folgend damit, dass Atmosphären „etwas *zwischen* Subjekt und Objekt [sind,] [...] nicht etwas Relationales, sondern die Relation selbst." (ebd.: 33) Als „Anregung des oder eines *gemeinsamen* Zustandes von Subjekt und Objekt" (ebd.: 35) definiert er Atmosphären als die „spürbare Kopräsenz von Subjekt und Objekt[.]“ (ebd.: 36)[8]

8 Ob Böhme dabei die Dichotomie zwischen Subjekt und Objekt wirklich auflöst, muss differenziert beantwortet werden: Einerseits bleibt er den Kategorien des Subjekts und Objekts bzw. Dings verhaftet, und auch seine Definition der Atmosphären als Zwischen und gemeinsamer Zustand beider hält die Dichotomie auf einer begrifflichen Ebene aufrecht. (vgl. Löffler 2013: 27) Andererseits definiert Böhme sowohl Subjekt (als räumlich sich spürender Leib) als auch Objekt (als Ekstasen der Dinge) anders als in der klassischen Subjekt-Objekt-Dichotomie bzw. Dingontologie und definiert somit die Dichotomie auf einer inhaltlichen Ebene neu.

3. Filmische Atmosphären

Bisher wurde Atmosphäre als Phänomen und Relation zwischen Ästhetik, Raum, Objekt, Subjekt und Leiberfahrung, als Sphäre gespürter leiblicher Anwesenheit in gestimmten Räumen der Ekstasen der Dinge, als sinnlich und affektiv-leiblich spürbare Gesamt- und Umgebungsqualität charakterisiert. Des Weiteren definiert als Wahrnehmungsphänomen mit synästhetischem Zusammenschluss der Sinneseindrücke sowie Zustand, dem Menschen in ihrer natürlichen Umwelt ausgesetzt sind, stellt sich nun die Frage, wie sich die medial erzeugten Atmosphären eines Films in diesen sehr weit gefassten Wirkungs- und Bestimmungsrahmen einordnen lassen.

Der Film ist Teil einer ästhetisch-medialen Darbietungsform, bei der Atmosphären gezielt für einen Adressaten gestaltet und erzeugt werden, um diesem eine besondere atmosphärische Wahrnehmungserfahrung zu vermitteln, die ihn affektiv anmutet. Dies impliziert sowohl eine gewisse Konzipier- und Inszenierbarkeit als auch eine mögliche dramaturgische Funktionalisierung von (ästhetisch produzierten) Atmosphären in verschiedenen Aufführungs- und Darstellungskontexten. Auch bei der atmosphärisch-gestalterischen Inszenierung eines Films schwingt somit stets ein Grad an Künstlichkeit und Intendiertheit der atmosphärischen Wirkung mit. Denn Filme präsentieren gezielt ausgewählte und strukturierte Elemente und Stimuli in der medialen Präsentation von Raum und Zeit innerhalb einer filmischen Diegese, um einen gesamtheitlichen atmosphärischen Eindruck zu kreieren. Filmischen Atmosphären haftet dabei etwas Selbstreflexives an, denn auch wenn sie den Zuschauer umfangen und ihn innerhalb eines medial vermittelten Atmosphärenerlebnisses zu affizieren suchen, werden sie gleichzeitig eben immer auch als solches wahrgenommen: als medial vermittelt und intendiert. Folglich handelt es sich beim Film immer auch um ein Vergegenwärtigen, ein Darbieten und Vorführen von Atmosphären, das auf der Rezeptionsebene mehr oder weniger bewusst mitschwingt beim Filmerlebnis. Dass sich manch eine intendierte atmosphärische Wirkung nicht auf den Filmrezipienten übertragen will, liegt in den meisten Fällen vor allem an einer zu hohen Dominanz und Auffälligkeit, ja teils fast schon Aufdringlichkeit der atmosphärischen Präsenz, die die Atmosphäre und ihre Intention als solche ausstellt, dabei jedoch die eigentliche atmosphärische Wirkung selbst verliert. (vgl. Bautz

2007: 120) Durch das Zurücktreten der atmosphärischen Intentionen hingegen, „wenn ihre Absichtlichkeit und die Bedingung ihrer Herstellung im Hintergrund bleiben" (ebd.: 119), können sich Atmosphären als subtile Qualitäten in ihrer Wirkung entfalten.

Um die Gesamtqualität einer Atmosphäre auf der Darstellungsebene des Films analytisch fassen zu können, müssen zahlreiche Gestaltungsebenen in den Blick genommen werden. Ein atmosphärisches Filmerlebnis nämlich setzt sich aus dem Zusammenspiel und der Konstellation so disparater filmischer Elemente wie der Gestaltung des Bildes durch Licht- und Schattensetzung, Farben und Farbsättigung, der musikalischen Untermalung sowie Klang- und Tongestaltung, dem visuellen sowie teils dramaturgischen Erzählfluss anhand von Szenengestaltung, Kadrage, Montage und Kameraführung, der mise-en-scène, dem Setting, im Bild dargestellten Witterungserscheinungen sowie Jahres- und Tageszeitenmetaphorik oder auch dem Dekor eines Films zusammen. Lediglich Setting, Tages- sowie Jahreszeit und Wetter (vgl. Hanich 2011: 170ff.) als atmosphärische Hauptkomponenten zu fassen, stellt eine recht eng gefasste Kategorisierung des Atmosphärischen im Film dar. Diese Einteilung betont allerdings, dass Schauplatz sowie Natur- und Wettererscheinungen eine große Rolle spielen. Diese vor allem auf der stilistisch-ästhetischen Ebene eines Films angesiedelten Gestaltungsmittel stehen zudem in ständiger wechselseitiger Dynamik hinsichtlich Präsentations- und Wirkungsweise.

Jedoch ist diese Dynamik zugleich Teil einer festgelegten Filmsprache, die sich oftmals filmstilistischer Codes der atmosphärischen Gestaltung bedient, um gewisse Erwartungen und Konventionen an einen Typ Atmosphäre, den ein gewisser Film evozieren soll, zu erfüllen. Die Atmosphäre eines Films ist im klassischen Fall an jene Codes gekoppelt, die Stimmungen beim Zuschauer induzieren sollen. Vor allem was filmische Genres anbelangt, „ist die Atmosphäre im Film [meist] auf bestimmte Genreerwartungen abgestimmt" (Koebner 2011: 39), sodass Genrefilme „predicable moods" (Plantinga 2012: 462) kreieren können. Der Film Noir etwa erzeugt durch die filmischen Codes der Low-Key-Ausleuchtung mit einem kontrastreichen Spiel von Schatten und einzelnen Lichtakzenten sowie schrägen Kameraperspektiven oftmals aus Unter- oder Aufsicht Atmosphären der Desorientierung und Verunsicherung, des Mysteriösen und Unheimlichen. Dabei sind Atmosphäre und Emotionen in Filmgenres wie etwa dem Horrorfilm oder dem Melodrama eng miteinander verknüpft (vgl. Carroll 1999: 34ff.; vgl. Smith 2003: 48ff.), da ein emotionaler Ton den gesamten Film passend zum Genre durchdringen kann, insofern, „that it lends its aura to the film as a whole." (Carroll 1999: 35) Auch wenn filmische Atmosphären v.a. in Bezug auf Genrekonventionen durch verschiedene Codes geprägt sind, zeichnet sich im Gegensatz dazu ein Film oftmals als sogenannter „Stimmungsfilm" aus, da er gerade nicht auf eine prototypische Darstellung der Atmosphäre zurückgreift.

Aber beschränkt sich eine filmisch-atmosphärische Wirkung auf die Expressivität des vormals Audiovisuellen in der Darstellung? Kann die „atmospheric quality" (Beaver 1994: 30) eines Films auf „a special visual appeal that is derived from the dramatic use of natural elements: light, weather conditions, heat, landscape, environment" (ebd.) reduziert werden? Auf den ersten Blick scheint sich eine Atmosphäre vor allem aus den visuellen Gestaltungsmitteln eines Films zu speisen, die der filmischen Welt um die Figuren herum eine gewisse atmosphärische Tönung verleihen. Jedoch werden dabei u.a. sinnlich-haptische sowie räumliche Wirkungen der filmischen Atmosphäre übergangen, die vom alleinig Visuellen nicht abgedeckt werden. Franziska Heller beispielsweise führt anschaulich aus, wie eine filmische Atmosphäre komplett über die sinnliche Sphäre des Wassertropfens vermittelt werden kann. (vgl. Heller 2012) Dass überhaupt beim Film durchaus recht eindeutig herauszukristallisieren ist, auf welche einzelnen bildkompositorischen oder etwaigen sonstigen inszenatorischen Gestaltungsmittel eine in einer Szene wirksame Atmosphäre zurückzuführen ist, kann demnach noch nicht vollends das Gesamterlebnis, das nicht Greifbare, das eine Atmosphäre auch im Kontext des Bildmediums Film charakterisiert und hierbei oftmals als „atmosphärische Dichte" tituliert wird, erfassen. Denn trotz aller Spezifikation der einzelnen atmosphärisch wirksamen Elemente bedeutet die Analyse filmischer Atmosphären auch stets, sich mit dem Deuten des Unbestimmten zu befassen. In der atmosphärischen Tönung einer filmischen Welt nämlich liegt oftmals eine Diffusität, ein teils kaum merklicher Andeutungs- und Hintergrundscharakter, dessen Vagheit zugleich den Reiz der Atmosphäre ausmacht: „Das Unbestimmte reizt uns mit seinem Geheimnis, das scheinbar in Griffnähe liegt und sich doch dem definitiven Zugriff entzieht." (Smid 2012: 147)

Neben dem Herausfiltern der skizzierten visuellen, auditiven und teils auch mit der Narration verbundenen filmgestalterischen Mittel, die eine Atmosphäre auf der textuellen Ebene eines Films erzeugen können, gilt es deshalb ebenso die gesamtheitliche atmosphärische Wirkung dieser Mittel einerseits im Hinblick auf filmimmanente Atmosphärenwechsel und -brüche zu untersuchen. Andererseits gilt es, deren ganzheitliche Wirkung auf den Zuschauer im Kontext von Filmwahrnehmung, emotionaler Teilhabe und einer phänomenologisch-sinnlichen, teils leiblichen Affizierung durch eine filmische Atmosphäre zu berücksichtigen, um der atmosphärischen Ausstrahlung eines Films gänzlich habhaft werden zu können.

3.1 Erste interdisziplinäre Annäherungsversuche

Im Folgenden dienen die Übertragung einzelner Aspekte des Konzepts von Gernot Böhme auf den Film sowie einige Denkanstöße mit Anleihen bei Roland Barthes sowie Béla Balázs als einführende Überlegungen zur Atmosphäre im Film.

Die Untersuchung filmischer Atmosphären als Dimension der ästhetischen Erfahrung eines Films muss die „medial spezifischen Gestaltungsweisen von Atmosphäre, ihre Ausdrucksmöglichkeiten, Produktions- und Wahrnehmungsdispositive" (Tröhler 2012: 15) in den Blickpunkt nehmen. Als ein erster Zugang könnte die Atmosphäre eines Films etwa als Moment des Barthschen *punctums* gedeutet werden, „das uns anspringt und affektiv berührt" (ebd.: 16) Das fotografisch-bildtheoretische Konzept des *punctums* veranschaulicht die Dimension einer sinnlichen Anziehungs- und (Ein-)Wirkungskraft auf den Zuschauer durch die Atmosphäre eines Films: Atmosphäre als *punctum*, das eingebettet ist in einen audiovisuellen Gesamtzusammenhang bewegter Bilder, aber dennoch hervorsticht als etwas teils subversiv, anfänglich unterschwellig Empfundenes, nicht genau Benennbares, aber dennoch deutlich Spürbares. (vgl. Barthes 2009: 53ff.) Dabei muss differenziert werden zwischen der gesamtheitlichen Atmosphäre einer Szene oder eines Films an sich, die als *punctum* anrührt und aus dem narrativen Verlauf eines Films heraussticht, und einem Detail, sei es ein Detail im Dekors, im Setting, im Schauspiel, das im Sinne des *punctums* durch seine atmosphärische Ausstrahlung in Einzelwirkung anspringt.

In Anknüpfung an das Konzept des *punctums* lässt sich sagen, dass filmische Atmosphären auch im Sinne des Barthschen „stumpfen Sinns" gelesen und erfasst werden können. Dieser ist nicht auf der bedeutungsstiftenden, symbolischen, codierten, „entgegenkommenden" Rezeptionsebene angesiedelt, sondern entzieht sich außerhalb von Strukturalität, Beschreibbarkeit und Semantik „der intellektuellen Erkenntnis" (Barthes 1990: 50). Stattdessen bewirkt er eine „totale, das heißt endlose Öffnung des Sinnfeldes" (ebd.) und ist eher als „>>poetische<< Erfassung" (ebd.: 49) zu beschreiben, die „die Psychologie, den Handlungsrahmen, die Funktion, kurz, den Sinn“ (ebd.) übersteigt.

Diese beiden Barthschen Konzepte sollen als Denkanstöße verstanden werden, wie man sich dem Bildmedium Film und dessen atmosphärischer Ausstrahlung nähern kann. Jedoch kann auch Böhmes Konzept als Ausgangsbasis für das Nachdenken über filmische Atmosphären dienen und in einigen Aspekten und aufgeworfenen Fragestellungen auch für den Film, mit Übertragungsleistungen, fruchtbar gemacht werden. Vor allem durch die Definition der Atmosphäre als räumlicher Umgebungsqualität entstehen interessante Fragen bezüglich der Übertragbarkeit auf den szenischen Raum eines Films. Auch in filmwissenschaftlichen Ansätzen wird die Relation zwischen szenischem Raum und den Figuren eines Films als bedeutsam für die Bestimmung der atmosphärischen Wirkung betrachtet. Ebenso wird am Beispiel von Malicks Filmen zu sehen sein, inwieweit filmische Atmosphären einen atmosphärischen Wahrnehmungsraum zwischen Zuschauer und Film entwerfen können.

Zudem lassen sich gewisse Charaktere von Atmosphären, die Böhme in fünf Hauptgruppen gliedert, auch in Filmen wiedererkennen. Charakter der Atmosphäre wird dabei verstanden als „die besondere Weise, wie uns etwas affektiv betrifft [...] *die besondere Weise, in der sie uns anmutet.*“ (Böhme 2002: 31) Böhme differenziert gesellschaftliche (elegant, kleinbürgerlich, ärmlich), synästhetische („Das sind solche, die vor allem in einer Modifikation der leiblichen Befindlichkeit gespürt werden“ (Böhme 1998: 58) und dabei nicht „einem spezifischen Sinnesbereich angehören[,]“ (Böhme 2007 a: 38) z.B. als kalt, warm oder rauh empfundene Atmosphären) und kommunikative Charaktere (ruhige, freundliche, gespannte, aggressive Stimmungen in Gesprächen) sowie Stimmungscharaktere (heiter, ernst, unheimlich) und Bewegungsanmutungen (drückend, erhebend, weitend, klaustrophobisch). (vgl. Böhme 2007 a: 38; vgl. Böhme 2006: 18)

Diese Kategorien sind nicht immer trennscharf voneinander zu unterschieden. Manch eine filmische Atmosphäre zeichnet sich zudem durch einen atmosphärischen Charakter aus, etwa eine Atmosphäre der Transzendenz oder der Rhythmik, der in Böhmes Einteilung fehlt. Jedoch sind diese Einteilungen recht ergiebig im Hinblick darauf, dass sie Verständigungs- und Ordnungsbegriffe über verschiedene Wirkungen, Vorkommen und Typen von filmischen Atmosphären bieten. Eine bedrückende, klaustrophobische Atmosphäre eines filmischen Raums kann ebenso wie die Vermittlung eines Gefühls der Weite oder des ekelhaft Abstoßenden etwa als atmosphärische Bewegungsanmutung eingeordnet werden. Zudem finden sich kommunikative Charaktere in der Interaktion zwischen Figuren oder gesellschaftliche Charaktere im Zeichnen eines Milieus. Die Mehrzahl filmischer Atmosphären nimmt sicherlich jedoch Bezug auf die Kategorie der von Böhme spezifizierten Stimmungscharaktere von Atmosphären. Filmische Atmosphären des Schauerlich-Unheimlichen, des Mysteriösen, des Verborgenen, der Trauer oder des Kitschigen können als Beispiele hierfür herangezogen werden. Andererseits liegt auch ein Fokus auf den synästhetischen Wirkungsweisen, die sich vor allem aus dem Zusammenschluss der audiovisuellen Gestaltungsmittel eines Films ergeben.

Ein weiterer Ansatz von Böhme, der im Kontext der Atmosphären insbesondere auf den Film übertragbar ist, betrifft die Ekstasen des Dinges. Gegenstände oder Menschen werden in Filmen durch die Inszenierung etwa mittels einer Detailaufnahme, Kameraperspektive oder der Positionierung innerhalb der Kadrage explizit betont und mit Bedeutung aufgeladen. Damit erhöht sich die Strahlkraft des jeweiligen Dinges, wodurch dieses stärker aus sich heraustritt und wirksam wird sowohl in Bezug auf den innerdiegetisch filmischen Raum als auch den Zuschauer direkt. Somit nimmt die Ekstase eines Dinges Einfluss auf die Atmosphäre einer Szene oder eines gesamten Films und kann den Dingen eine Präsenz sowohl im einzelnen Bild und filmischen Raum als auch teils bezüglich der gesamten filmischen Dramaturgie verleihen (man denke nur an den Schlitten aus CITIZEN KANE (USA 1941) oder das erleuchtete Milchglas in der Hand von Cary Grant in SUSPICION (VERDACHT, USA 1941)). Auch Béla Balázs ist der Auffassung, dass es sich um „eine starke Atmosphäre [handele], die im Film durch die große Rolle und Bedeutung der sichtbaren Dinge entsteht." (Balázs 1924: 47) Er spricht davon, dass die Dinge im Film selbst aus sich heraus „sprechen" würden, lebendig wirkten und eine spezifische Bedeutsamkeit neben den Figuren erlangten. Durch diese spezifisch filmische Aufwertung der Dinge entstehe eine sich von anderen Künsten wie der Literatur abgrenzende besondere Filmatmosphäre. (ebd.: 48) Ebenso spricht Thomas Koebner von der „Auswahl bestimmter, deutlich erkennbarer Zeichen" (Koebner 2011: 38), auf die sich die Inszenierung einer filmischen Atmosphäre stütze, etwa das Fokussieren einer einsamen Laterne, die sich nachts im Wind hin- und herbewegt. Hierbei klingt ebenso an, dass sich filmische Atmosphären auf der Darstellungsebene auch auf kulturell, gesellschaftlich, religiös etc. konnotierte Symbole und semantische Zeichen wie etwa das Kreuz stützen können. Vor allem symbolische Konnotationen von Jahreszeiten und meteorologischen Färbungen wie etwa dem

Frühling als Neubeginn und Jugend, dem Herbst als Reife, Zerfall und Veränderung werden in Filmen als atmosphärisch wirksame Zeichen eingesetzt. Deren „Ekstasen“ innerhalb der diegetischen Welt, oftmals wirksam über die inszenatorische Fokussierung und Betonung dieser Zeichen, vermitteln einen kontextabhängigen semantischen Bedeutungs- und Ausstrahlungsmehrwert, der für die Atmosphäre funktionalisiert werden und diese mitgestalten kann.

3.2 Synästhesie der atmosphärischen Gestaltungsmittel

Ein Film steht nun vor der Aufgabe, ein ästhetisches Phänomen wie die Atmosphäre künstlich durch seine audiovisuelle Sprache hervorzubringen. So wie es dem Autor eines Gedichtes möglich ist, mit Worten, der Sphäre der Sprache, eine Atmosphäre zu erzeugen (vgl. Böhme 2013: 70, 74ff.), stellt sich beim Film, der über verschiedene „Sprachen“ der Darstellung verfügt, die ineinandergreifen, die Frage, welche „objektiv identifizierbare[n]“ (Böhme 2013: 75), „von ihrem dinglichen Pol her [kommenden] Konstituenten“ (Böhme 2002: 32) eine filmische Atmosphäre generieren. Anhand filmanalytischer Fachtermini der Filmwissenschaft lassen sich die filmischen Gestaltungsmittel, deren Zusammenschluss konstitutiv für die Schaffung einer gesamtheitlichen atmosphärischen Wirkung ist, hinreichend aus dem audiovisuellen Fluss eines Films herauskristallisieren und ausdifferenzieren. Bei der Analyse wird es daher notwendig sein, diese Gestaltungsmittel einzeln aus dem atmosphärischen Gesamteindruck herauszulösen, also „die einzelnen Signifikanten in Hinblick auf ihre Funktion, zur Erzeugung einer Atmosphäre beizutragen, [zu] untersuchen“ (Böhme 2013: 75). Diese Komponenten unabhängig voneinander zu betrachten, verändert und variiert zwangsläufig die Wirkung des atmosphärischen Ganzen. Die Herauslösung dient jedoch dem Zweck aufzuzeigen, dass es sich bei der Gesamtwirkung nicht um eine simple additive Wirkungsweise der einzelnen Elemente handelt: Da filmisch-atmosphärische Phänomene fast ausschließlich aus dem dynamischen Zusammenspiel vieler diversitärer audiovisueller sowie teils narrativ-dramaturgischer Gestaltungsmittel entstehen, rückt die Analyse den Blickpunkt ebenso darauf, in welcher Weise sich diese Gestaltungsmittel dabei bedingen, verstärken, abschwächen, zusammenschließen oder kontrastieren.

Beim Film scheint sich diesbezüglich vor allem der von Böhme als synästhetisch bezeichnete Charakter von Atmosphären zu verwirklichen und als Beschreibungskategorie anzubieten. Denn „die direkte Zusammenstellung von Ausdrücken aus verschiedenen Sinnesbereichen" (ebd.: 77), was Böhme als synästhetische Qualität von Atmosphären begreift, zeigt sich beim Film direkt im Zusammenschluss der filmischen Gestaltungsmittel, die durch visuelle und auditive Stimuli teils auch haptische, räumliche oder somatische Eindrücke vermitteln können. Aus diesem Zusammenschluss entfaltet sich im wirkungsästhetischen Kontext eine synästhetisch-atmosphärische Präsenz eines Films, die als Teil einer ästhetischen Gesamtwirkung und -erfahrung verschiedene sinnliche Wahrnehmungs- und Eindrucksebenen gleichzeitig affiziert. Durch Dynamik, Rhythmik und Bewegung der audiovisuellen Bildersprache und den Fluss der Narration entfalten dich dabei synästhetische Wirkungen, die sich sehr dynamisch entwickeln und einem steten Wechsel unterzogen sein können. Filmischen Atmosphären ist dabei eine synästhetische Anmutungsqualität inhärent, die mehrere Wahrnehmungskanäle simultan anzapft (vgl. Wulff 2012: 120 f.) und „auf mehrere Sinne des Publikums zugleich einwirkt (synästhetischer Effekt): auf Gesicht, Gehör, Gefühl." (Koebner 2011: 37) Wulff spricht von einer „holistischen, nicht in Einzeleindrücken fassbaren *Ganzheitlichkeit des Angerührtseins*" (Wulff 2012: 119).

Wenn Béla Balázs die „riechbare und schmeckbare Atmosphäre" (Balázs 1924: 46) eines Films anspricht, nimmt er gar Bezug auf olfaktorische und gustatorische Sinneseindrücke. Seine Aussage, „daß man ordentlich den Duft spürt" (ebd.) nimmt dabei eine speziell synästhetische Wirkungsweise in den Blick, wenn Balázs formuliert, über eine filmische Atmosphäre Düfte zu *spüren*, statt sie zu *riechen*. Denn da der Geruchssinn bei einem Film faktisch nicht direkt angesprochen wird, kann er über die Einwirkung auf andere Sinnesbereiche indirekt vermittelt werden. So impliziert auch beim Film „[d]ie Darstellung von Atmosphären im Medium des Bildes [...] den Anspruch der Übertragung pluraler sinnlicher Qualitäten in die Sichtbarkeit." (Hasse 2012: 43) Die Intention einer filmischen Atmosphäre liegt genau darin, diese pluralen sinnlichen Qualitäten, auch jene des Tast- und Geruchsinns, die auf den ersten Blick nicht filmisch vermittelbar erscheinen, über das Bild transzendierend mittels der Atmosphäre erfahrbar zu machen, um eine im phänomenologischen Sinne ganzheitliche, sinnlich-affektive sowie auch leiblich-affizierende Atmosphärenerfahrung erzeugen zu können.

3.3 Räumliche und leibliche Anmutungsqualitäten filmischer Atmosphären

Um das von v.a. Böhme den Atmosphären attestierte Charakteristikum der Räumlichkeit im Hinblick auf filmische Atmosphären analysieren zu können, müssen „Bildstrategien und -prinzipien [...], die den audiovisuellen Wahrnehmungsraum prägen und rhythmisch durchdringen“ (Heller 2012: 162) in den Blick genommen werden, etwa Lichtgestaltung, Kamerabewegung oder Geräuschkulisse. Das klangbildliche Medium des Films scheint bezüglich seiner atmosphärisch-synästhetischen Wirkung prädestiniert dafür zu sein, „multisensorielle Raumqualitäten zur *Anschauung* zu bringen, die sich in einem optischen Sinne der reinen Sichtbarkeit entziehen.“ (Hasse 2012: 50) Die filmische Atmosphäre bietet sich hierbei als Anmutungsqualität dar, die danach strebt, „eine leibliche Erfahrung zu erzeugen, das (unbestimmte) Gefühl, mit dem szenischen oder diegetischen Raum synästhetisch-sinnlich kurzgeschlossen zu sein.“ (Hartmann 2012: 127)

In einem Film werden Atmosphären vor allem über Raumeindrücke vermittelt, die nicht nur an die abgebildeten Räumlichkeiten und deren filmstilistische Inszenierung gebunden sind, sondern vielmehr an einen „Wahrnehmungsraum, in dem das ästhetische Erleben im Zuschauer als individuellem Resonanzkörper widerhallt.“ (Heller 2012: 173 f.) Diese Vorstellung des Zuschauers als „sinnliche[m] Resonanzkörper“ (ebd.: 174) fußt auf der Philosophie der den Leib affizierenden Wirkung von Atmosphären nach Schmitz und Böhme. Vor allem über haptisch-atmosphärische Eindrücke wird diese somatische Resonanz im Körper des Rezipienten verstärkt. Phänomenologische Ansätze innerhalb der Filmtheorie, allen voran Vivian Sobchacks einflussreichem *The Address of The Eye* (vgl. Sobchack 1992) folgend, brechen als Reaktion gegen die Dominanz strukturalistischer und semiotischer Theorien das okularzentrische Denken in der Filmtheorie auf und plädieren für eine leibgebundene, verkörperte Filmwahrnehmung, nach der ein Film durch den Leib des Zuschauers ästhetisch-sinnlich erfahren, wahr- und aufgenommen wird. Nach Sobchack wird dabei diese sinnlich-somatische Wahrnehmungsebene noch vor dem kognitiv-reflexiven Verstehen und Verarbeiten des Gesehenen eines Films angesprochen und als Ausgangspunkt der Analyse genommen. (vgl. Sobchack 2011; vgl. Sobchack 2000; vgl. Robnik 2007; vgl. Elsaesser/Hagener 2008: 147ff.)

Filmische Atmosphären haben einen großen Anteil am somatischen Filmerlebnis, indem sie durch ihre Wirkungsdimensionen, die über die Sinne des Visuellen und Auditiven hinausgehen, die Dominanz des visuellen Sinnes des Auges, das „von Natur aus der distanzierendste aller Sinne ist, der Sinn, der uns am leichtesten das leibliche Medium vergessen lässt" (Gorgé 2007: 25), durchbrechen. Die leibliche Resonanz und Wahrnehmung einer filmischen Atmosphäre wird dabei auch durch die Gestaltung filmischer Räume respektive filmisch-atmosphärischer Raumeindrücke bestimmt. Thomas Koebner definiert Atmosphäre als Raumeindruck, der durch die Größe, Weite oder Enge des Raums, die im Raum befindlichen Dinge, das vorherrschende Licht sowie die Akustik bestimmt werde. (vgl. Koebner 2011: 37) Bei der Beschreibung der atmosphärischen Wirkung eines filmischen Raums würden „Assoziationen oder Analogien mit leiblichen Empfindungen immer naheliegen" (ebd.: 38), wie etwa in den Zuschreibungen gemütlich, erhaben, gewaltig, sanft, schroff, bedrohlich, schwer lastend zu sehen sei.

Julian Hanich fasst bei seiner Untersuchung der Atmosphären von Horrorfilmen u.a. die leiblich-räumlichen Wirkungen des Settings ins Auge. (vgl. Hanich 2011: 172) Der innere Leibraum des Zuschauers erfährt räumliche Qualitäten von Weite, Enge, Tiefe, Bedrückung etc. durch die Präsentation des filmischen Raums: Räumliche Qualitäten des Waldes, der einem filmischen Raum sowohl Tiefe als auch Begrenzung, ein Gefühl von Ver-/Umschlossenheit vermittelt, werden ebenso wie eine Prärie, die Weite impliziert sowie die Dunkelheit, die nicht nur die visuelle Sicht nimmt, sondern auch bedrängende, einengende, beklemmende Attribute vermittelt, atmosphärisch wirksam. (vgl. ebd.: 176ff.) Folglich können sich atmosphärisch gestaltete Elemente des Films, wie die Lichtverhältnisse oder das Setting und deren räumliche Ausdehnung und Wirkung auf das leibliche Erlebnis und Befinden des Zuschauers übertragen. Räumliche Eindrücke werden im Film zudem über die Wahl der Perspektiven und Bildausschnitte sowie die generelle Gestaltung der mise-en-scène bestimmt, sodass auch diese Parameter beispielsweise einen klaustrophobischen Raumeindruck mit direkter Auswirkung auf das leibliche Gefühl der Zuschauer mitgestalten. Auch auditive Mittel finden in diesem Kontext Anwendung, denn Geräusche und Hall, deren Ursprung, aus dem Off kommend, nicht klar im Bild zu verorten ist, sind konstituierend für über die Kadrage hinausgehende erfühlbare Raumdimensionen innerhalb der Diegese eines Films.

Auch Licht kann durch die Durchdringung eines Raumes anhand sichtbarer Lichtstrahlen, Lichtpunkte oder Schattenbildungen atmosphärische Stimmungsräume mitgestalten. Diese atmosphärischen Stimmungsräume wirken über die Kadrage, also den sichtbar gezeigten filmisch-szenischen Raum hinaus, indem sie in ihrer atmosphärischen Wirkung als „stimmungshafter Zwischenraum, in dem sich die Suggestion eines geschlossenen Handlungsraums auflöst" (Prange 2010: 39) wahrgenommen werden. Dieser Zwischenraum kann als atmosphärisch erfühlter Wahrnehmungsraum beschrieben werden, der losgelöst vom tatsächlich sichtbaren filmischen Handlungsraum im Wirkungskontext der Gesamttönung auf affektiv metaphorischer Ebene als räumlicher Empfindungston in der Luft zu liegen scheint. So kann etwa das durch Licht hervorgerufene atmosphärische Gefühl der Wärme einer Szene oder die leiblich bedrückende atmosphärische Raumgestaltung einer Szene auf folgende Szenen in ihrer Nachwirkung übergreifen oder mit deren atmosphärischer Raumgestaltung kontrastiert werden. Die wirkungsästhetische Gestaltung der filmischen Räume mittels atmosphärischer Aufladung kann dabei als Schaffung eines „dynamischen Transitionsraum[s]" (Heller 2012: 174) im Sinne eines über die Kinoleinwand transzendierenden Raums gedacht werden. Filmisch-atmosphärische Raumeindrücke können so eine Sphäre entstehen lassen, die zwischen den objektiv wahrnehmbaren, bildlich dargestellten Räumen und dem atmosphärisch erfahrbaren, subjektiven Wahrnehmungsraum (des Zuschauers) oszilliert.

3.4 Filmtheoretische Ansätze und Annäherungen

3.4.1 Das Spannungsfeld zwischen Narration und Atmosphäre

Filmische Atmosphären, die bisher vor allem auf Seiten der filmstilistischen Gestaltung verortet wurden, zeichnen sich gleichzeitig durch eine mehr oder minder ausgeprägte Verflochtenheit mit den narrativen Elementen eines Films aus, allen voran mit der dramaturgischen Gestaltung des Handlungsverlaufes und/oder der Inszenierung der Figuren, die hierbei als narrativ bedeutsame Größen aufgefasst werden. Die atmosphärische Gestaltung eines Films ist stets in einer generellen Relation zur narrativen Entwicklung zu betrachten. Von welcher Art diese Relation ist, gestaltet sich unterschiedlich. In den meisten Fällen kommt dem Atmosphärischen eine begleitende, dem Narrativen „dienende" Funktion zu, da das Atmosphärische im Hintergrund oftmals den narrativen Verlauf einer Geschichte begleitet und für die Modulation und Intensivierung desselbigen, auf dramaturgischer sowie thematischer, aber vor allem auch auf der affektiven Wirkungsebene funktionalisiert wird. Daraus ergibt sich eine dichte Nähe zu und Verzahnung der Atmosphäre mit dem Narrativen. Jedoch kann eine Atmosphäre auch in ein gewisses Spannungs- und Kontrastverhältnis zur Narration treten oder gleichbedeutend mit dem Narrativen eine Filmerzählung konstituieren.

Bei dem bereits angeführten, in der Analyse notwendigen Herauslösen der einzelnen atmosphärisch wirksamen Gestaltungsmittel aus dem narrativen Fluss der Erzählung, um deren Beteiligung an der Gesamtwirkung einer Atmosphäre eruieren zu können, sind die narrativen Handlungseinheiten eines Films wie Einstellung, Szene und Sequenz von Bedeutung. Vor allem die beiden Letztgenannten fungieren bezüglich der atmosphärischen Gestaltung eines Films als strukturierende Einheiten. Ein Film kann demnach aus verschiedenen atmosphärischen Segmenten bestehen, die teils kongruent, teils auch kontrastierend gegeneinander wirksam werden können. Die atmosphärischen Einheiten von Szenen und/oder Sequenzen können somit einen Film gliedern und zusammen dann eine Gesamtstimmung ergeben oder sich der Formung einer Gesamtstimmung widersetzen. Robert Sinnerbrink unterscheidet diesbezüglich unter dem Begriff des *mood-sequencing* drei Formen der Verflochtenheit atmosphärischer bzw. stimmungshafter Sequenzen in den narrativen Verlauf eines Films: *disclosive, episodic* sowie *transitional moods*. (vgl. Sinnerbrink 2012 b: 156 f.)

Disclosive moods finden sich vor allem in der Eröffnungssequenz eines Films, in denen eine grundlegende Gesamtstimmung etabliert und so eine kinematische Welt enthüllt und in ihren tonalen Qualitäten anhand der stilistischen Gestaltung charakterisiert und offengelegt werde. (vgl. ebd.: 156) Hierbei wird also der filmstilistisch-ästhetisch-sinnlichen Exposition mehr Bedeutung zugewiesen als der narrativ-dramaturgischen Einführung zu Protagonisten und Filmhandlung. Dagegen sind *episodic* und *transitional moods* stärker mit dem narrativen Verlauf eines Films verbunden, da diese auf der Ebene der erzählerischen Struktur und Komposition, die u.a die emotionale Dynamik oder das dramaturgische (Verlaufs-)Tempo betreffen, wirksam werden. *Episodic moods* treten laut Sinnerbrink in Filmen oftmals als eine Art wiederkehrendes Zwischenspiel auf, das eingebunden in die Gesamtdramaturgie eine Stimmung variiere oder die emotionale Dynamik des Narrationsverlaufs moduliere. Diese Stimmungssequenzen würden wiederholt episodisch eingesetzt, um bestimmte Stimmungen aufzufrischen und aufrechtzuerhalten. *Transitional moods* hingegen fungierten als gezielte Unterbrechungen des narrativen Verlaufes, die den affektiven Tenor abwandelten und -änderten, „[to] prepare[] a transition to the next narrative movement." (ebd.: 159)

Aus diesen Einteilungen kann sich ein Wechselspiel zwischen dem oder den etablierten *disclosive moods*, die die Filmwelt als Ganzes durchziehen, „waxing and waning depending on the particular narrative development taking place" (ebd.: 158), und verschiedenen anderen Stimmungsvariationen, die etwa über wiederkehrende Stimmungssequenzen („mood-sequences" (ebd.: 161)), seien sie *episodic* oder *transitional*, auftreten und die narrativ-dramaturgische Entwicklung des Films beeinflussen, ergeben.

Laut Wulff zeichnet sich das Atmosphärische eines Films durch „eine assoziative Nähe zu anderen Elementen der Erzählung" (Wulff 2012: 112) aus. Die Atmosphäre selbst ist laut Wulff dabei Teil des „filmischen Ausdrucks" (ebd.: 113), des „*Deskriptiven* des Textes [...], nicht de[s] Narrativen" (ebd.), womit Wulff sämtliche filmischen Gestaltungsmittel von der Bild-, Szenen- über die Ton- und Musikgestaltung als mögliche Erzeuger einer filmischen Atmosphäre betrachtet. (vgl. ebd.)

Filmische Atmosphären entspinnen sich seiner Auffassung nach jedoch nicht allein auf dieser stilistischen Ebene, sondern in der Relation von Figur und deren Umwelt, „Environment" (ebd.: 116). Die Umwelt charakterisiert er als diegetischen Rahmen und Hintergrund von Handlung und narrativ im Vordergrund stehender Figur. Dabei sind beide nicht als getrennte Größen zu verstehen, sondern als ineinander verzahnt, aneinander gebunden. Er spricht von jeweiligen Atmosphärenwerten, die sowohl den Figuren als auch der Umgebung innewohnten, und die situativ bedingt entweder angeglichen oder auch kontrastiert werden könnten. Das Atmosphärische gehört hierbei dem szenischen Hintergrund, den szenischen Randbedingungen, der Umgebung an, die durch die stilistischen Mittel geprägt und gestaltet werde. Dabei bringe die Atmosphäre das Essentielle, das Wesen einer Umgebung zum Vorschein und Ausdruck. (vgl. ebd.: 112) Auch wenn Wulff ebenso von Atmosphärenwerten der Figuren spricht, ist dies nicht dahingehend misszuverstehen, dass Wulff diese narrativen Größen als eigenständige Träger der Atmosphäre ansieht. Laut Wulff entstünden diese Werte nämlich wiederum nur aufgrund einer Bindung dieser Figur an eine bestimmte Umwelt, ein gewisses Milieu etc., wodurch sich Brüche zwischen den Atmosphärenwerten von Figur und aktueller Umwelt ergeben können, wenn eine Figur ein neues Milieu betritt. (vgl. ebd.: 116)

Die Kunst einer filmischen Atmosphäre scheint nun darin zu liegen, „die szenischen Hintergründe zum Sprechen zu bringen" (ebd.: 117), sodass das Wie des narrativen Verlaufs und des Plots um die Figur wichtiger wird als das Was: „Warum der Held etwas tut, das hat oft keinen Sinn, aber wie er es tut, das hat Naturwärme. Das Schicksal des Helden ist leer, aber seine Minuten sind reich gestaltet." (Balázs 1924: 46) Filmische Atmosphären sind demnach laut Wulff Relationsdinge, die nicht für sich allein genommen, sondern als spezifische Qualität des Hintergrunds, der Umgebung auftreten, die als Träger dieser atmosphärischen Qualitäten fungieren. (vgl. Wulff 2012: 109).

Des Weiteren spricht Wulff von einer Tiefendimension des Affektiven, die durch eine filmische Atmosphäre angesprochen werde, von einem atmosphärischen Horizont, in dem die Geschichte erzählt wird. Auf diese Weise könne die Atmosphäre im Sinne eines eigenen Registers neben der eigentlichen Narration als „Tiefenschicht der Inszenierung [gelten, die] die Figuren und das Environment gleichermaßen in einem zusammenhängenden *atmosphärischen Hof* [exponiert]." (ebd.: 121 f.)

Auch Britta Hartmann stuft das Atmosphärische als eigenes Register des Films neben der Narration ein. (vgl. Hartmann 2012) Als Teil der filmstilistischen Gestaltung könnte man davon sprechen, dass Atmosphären nicht das Was, sondern das *Wie* der Erzählung, einen vor allem ästhetisch-kinematographisch gestalteten Erzählstil und -modus mitgestalten. Jedoch erschöpfen sich atmosphärische Wirkungen nicht in dieser Funktion. Atmosphären können eine eigene, selbstständige „Gestalt" und Präsenz innerhalb eines Films annehmen, die zwischen Ästhetik und Narration oszilliert. Passend zur Definition nach Böhme erscheint hierbei die Atmosphäre einerseits als Relation, als Verbindung stiftendes Element, das zwei Ebenen des Films, die Filmstilistik und das Narrative verbindet. Andererseits tritt die Atmosphäre gerade in dieser Position des Oszillierens als eigenes Element hervor, da sie sich, obwohl sie sich mehr aus der stilistisch-ästhetischen Gestaltung speist, weder allein diesem Feld noch, trotz Berührungspunkten und Wechselwirkungen, vollends dem Bereich des Narrativen zuordnen lässt. Daher zählt Hartmann sie als „textuelles Register vor oder neben der Handlung [...], eine zweite Stimme der Filmerzählung" (ebd.: 132), welche „den Text semantisch reicher macht und das Filmerleben komplexer, <dichter>." (ebd.: 133)

Dass sich insbesondere jene Szenen und Momente einer Handlung, in denen sich nichts Handlungsrelevantes ereignet, die Handlung still zu stehen scheint, durch eine hohe Atmosphärendichte auszeichnen und dadurch „beim Zuschauer assoziative Prozesse angeregt [werden]" (Smid 2012: 156), zeugt von einem gewissermaßen hierarchischen Verhältnis, das erfordert, dass sich eine „Stimme" der Erzählung, um bei Hartmanns Terminologie zu bleiben, senken muss, sobald die andere hervortritt. (vgl. Hartmann 2012: 138ff.) Es findet eine Art modaler Wechsel im Fluss der Erzählung vom Narrativen hin zum Atmosphärischen statt, der eine Szene „semantisch anreichert und über den unmittelbaren narrativen Sinn hinaus […] nachhallen lässt." (ebd.: 139 f.) Gerade aufgrund des Fehlens handlungstragender Elemente seien es solche atmosphärischen Momente, „die man wegen der bewussten Ausserkraftsetzung angeblich logischer Schlüsse im eigenen Bildarchiv speichert." (Blum 2010: 199)

„[D]a die Narration den Zuschauern an diesen Stellen die Zeit einräumt, die es braucht, um [...] der Atmosphäre der dargestellten Situation [...] inne zu werden" (Bauer/Hochscherf 2013: 102), legen diese atmosphärisch dichten Szenen vor allem ihr Augenmerk auf die verschiedenen audiovisuellen Gestaltungselemente, die diese Atmosphäre hervorrufen. Diese „Kristallisationspunkte der atmosphärischen Verdichtung" (ebd.) bieten die Möglichkeit, den filmischen Raum und dessen atmosphärische Gestaltung und Wirkung zu erschließen. Die Wahrnehmung der Ausdehnung der Atmosphäre in Raum und Zeit wird dabei selbst in den Vordergrund gerückt, wodurch sich der atmosphärische Eindruck verdichtet.

Aber was ist eigentlich unter atmosphärischer Dichte zu verstehen?

Eine nicht selten verwendete, man ist fast geneigt zu sagen „zu Rate" gezogene Formulierung in Filmkritiken, die auf einer deskriptiven Ebene den Ausdruck und die Wirkung eines Filmes, einer Szene mit Worten zu erfassen sucht, nimmt direkten Bezug auf die atmosphärische Gestaltung, wenn von der sogenannten „atmosphärischen Dichte" eines Filmes die Rede ist. Dabei wird die Komplexität des atmosphärisch-sinnlichen Wahrnehmungserlebnisses auf eine Kurzformel heruntergebrochen, die ausschmückende Beschreibungen vermeidet. (vlg. Hartmann 2012: 130ff.) Diese sprachlich verknappende Formulierung wird oftmals als selbsterklärend vorausgesetzt und nur selten dahingehend spezifiziert, woraus sich diese atmosphärische Dichte zusammensetzt. Bei aller Ungenauigkeit dieser Formulierung erscheint das Wichtige und für die Bestimmung der filmischen Atmosphäre Fruchtbare darin zu liegen, dass über die Zuschreibung der Dichte eine Aussage über einen speziellen, scheinbar häufig vorkommenden Darstellungs- und Wirkungsmodus einer filmischen Atmosphäre gemacht wird. Dichte ist beschreibbar als verwachsenes Geflecht, das sich durch Nähe und Enge und ein kompaktes Nebeneinander von Elementen in einem Raum auszeichnet. Wenn nun von filmisch-atmosphärischer Dichte gesprochen wird, charakterisiert dies nicht etwa einen bestimmten Atmosphärentyp/-charakter wie beispielsweise eine Atmosphäre des Schaurigen. Vielmehr verweist dies auf einen Modus des Atmosphärischen, der die Darstellungs- mit der Wirkungsebene verbindet. Bestimmte filmische Gestaltungselemente scheinen dabei eine Dichte im filmischen Text hervorzurufen, die sich in einer atmosphärischen Gesamtwirkung äußert. Wie wird diese Dichte hervorgerufen? Welche Elemente werden verdichtet, v.a. im Hinblick auf das Verhältnis von Narration und Atmosphäre?

Wulff definiert die atmosphärische Dichte eines Films als *„Engführung von Figuren und Hintergründen, von narrativen und diegetischen Größen"* (Wulff 2012: 112). Darunter versteht er eine Art semantische Verdichtung im Sinne einer atmosphärischen Synthese und Homogenisierung von Figur und Umwelt, in der „eine zumindest partiell und zeitweise vorgenommene Aufhebung der (dargestellten) Subjekt/Objekt-Trennung" (ebd.) zu finden sei. Die besagte Umwelt der Figuren umschreibt er als „hintergründige[] Gegebenheiten des Geschehens, die immer vorhanden sind, aber nur selten thematisch werden." (ebd.) Atmosphärische Dichte beziehe sich demnach nicht auf Figuren oder Handlungen eines Films, sondern auf den Hintergrund, die Umgebungsqualitäten der Geschichte, und vor allem deren Verflechtung mit Figur und Handlung. Diese Engführung zeigt sich vor allem, wenn sich Hintergrund und Figur gegenseitig als jeweilige Spiegelung des anderen bedingen, wenn „die äußeren Gegebenheiten als Externalisierung des Figuren-Inneren" (ebd.) oder „die Charaktere [...] als Produkte jener Rahmen" (ebd.) wahrgenommen werden, die sich an die Figuren „anschmiegen" (ebd.). Es findet sich also eine wechselseitige Einwirkung zwischen Figur und deren filmischer Umwelt.

Jedoch gibt es auch solche Beispiele, bei denen man diese Dichte aufgrund der Engführung von „atmosphärischem Hintergrund" und Figur nicht als Homogenisierung, Angleichung oder Spiegelung bezeichnen sollte. Neben den Kontrasten zwischen den Atmosphärenwerten von Figur und Umwelt kann es auch vorkommen, dass die Atmosphäre sich geradezu über die Figur zu stülpen scheint. Dann wäre es treffender von einer Dichte aufgrund einer Engführung im Sinne einer Bemächtigung seitens des atmosphärischen Hintergrundes gegenüber der Figur zur sprechen. Balázs beschreibt eine solche atmosphärische Wirkung eines Jahrmarktes, des szenischen Hintergrundes, auf eine körperlich schwache Figur anschaulich als „Flut und Brandung von Bildern der Kraft, die den körperlich unzulänglichen Krüppel verschüttet und erdrückt. [...] Es wird eine Atmosphäre geschaffen, in der er erstickt." (Balázs 1924: 46 f.) In dieser erdrückenden, scheinbar körperlich spürbaren Mächtigkeit der Atmosphäre und deren Auswirkungen auf die Figur zeigt sich eine direkte Korrelation zwischen der narrativen Instanz der Figur und der Atmosphäre, bei der der atmosphärische Hintergrund die Figur dergestalt einhüllt, dass diese in der Dichte keinen Raum zu finden scheint.

Abschließend stellt Wulff fest, dass sich in der atmosphärischen Dichte die Vorstellung einer Homogenität der künstlerischen Ausdrucksmittel finde, bei der ein atmosphärisch dichter Film sich dadurch auszeichnet, dass „alle Teile sich aufeinander zu bewegen, sich unterstützen und gegenseitig erhellen." (Wulff 2012: 113)

Hartmann beschreibt die atmosphärische Dichte als unter Filmrezipienten teilbare, besondere Kinoerfahrung, „die sich aber letztlich der theoretischen Explikation entzieht – und darin ihren fluiden und flüchtigen Charakter unter Beweis stellt." (Hartmann 2012: 140) Atmosphärisch dicht erzählte Filme seien in der Lage, „de[n] innerste[n] Zustand der erzählten Welt atmosphärisch zum Ausdruck [zu bringen]" (ebd.: 131) und „eine intensive Erfahrung des In-der-Welt-Seins" (ebd.: 140) zu generieren. Atmosphärische Dichte könne dabei in Anlehnung an Wulffs Engführung von Figur und Umwelt im Sinne eines ästhetischen Effekts als Möglichkeit zur umfassenden Einfühlung in die „spezifische Stimmung oder Tönung [einer Szene] […] und in die übergreifende Gestimmtheit der erzählten Welt" (ebd.: 131) betrachtet werden. Ähnlich wie Wulff beschreibt sie die atmosphärische Dichte dabei als semantische Anreicherung, die jedoch nicht ausschließlich an die Relation von Hintergrund und Figuren gebunden sein müsse, sondern auch mit übergreifenden Motiven und allegorischen Themen der Handlung in Verbindung stehen könne und so zu einer Dichte der Erzählung beitrage. (vgl. ebd.: 140)

Bei der Analyse ihrer Meinung nach atmosphärisch dichter Szenen spezifiziert Hartmann diese etwas weit gefassten Annäherungen an atmosphärische Dichte und filtert dabei ein entscheidendes Merkmal heraus, das zum Teil konträr zu den Ausführungen von Angleichung und Homogenisierung von Figur und Umwelt nach Wulff läuft: Hartmann sieht eine atmosphärisch dichte filmische Erzählung vor allem in jenen Szenen gegeben, in denen die Atmosphäre eine Szene „als zugespitzte sinnlich-ästhetische Reizkonfiguration" (ebd.: 131) aus der allgemeinen Narration und Umgebungsqualität hervorstechen lässt. (vgl. ebd.) Damit schmiegt sich der Hintergrund nicht an die Figuren, er tritt stattdessen selbst als sinnlich-atmosphärische Erfahrung in den Vordergrund und es entsteht

> ein Augenblick <purer Atmosphäre> […], in de[m] sich die Sinnlichkeit vor den Sinn schiebt oder vielmehr: in de[m] sich beide Modi der Filmwahrneh-

> mung, die kognitive und die sinnlich-synästhetische, wie in einem Kurzschluss verbinden – zum Eindruck, unvermittelt mit allen Sinnen angefasst zu sein; ein Gefühl des unmittelbar Präsentischen, ein flüchtiger Moment, der gleichwohl nachhallt. (ebd.: 140)

3.4.2 Georg Seeßlen – Das Atmen der Bilder

Die Formulierung „Das Atmen der Bilder", die als Titel für Georg Seeßlens Ausführungen und essayistische Gedankengänge über die Atmosphäre im Film dient (vgl. Seeßlen 1998), von denen einige nun aufgegriffen werden, kann als eine anschauliche Metapher fungieren, die gewisse über das Bild hinaus transzendierende Eigenschaften und eine Lebendigkeit, einen gewissen Nachhall, einen Hauch, ein (Aus-)Strömen der Filmbilder im Kontext ihrer atmosphärischen Wirkung einfängt. Das Atmen umschreibt eine eigenständige Ausdruckskraft von Filmbildern bzw. des Mediums Film, die über die sichtbare Bedeutung, das sichtbar Gezeigte des Einzelbilds hinausgeht: „Atmosphäre ist zugleich nicht sichtbar und eine Voraussetzung der Sichtbarkeit. [...] Es ist das Unsichtbare, das durch das Sichtbare ausgedrückt wird." (ebd.: 120) Diese Ausdruckskraft der Bilder wird wie beim Fühlen eines Atemhauchs im nicht allein mit dem Auge sichtbaren Visuellen, sondern im mit allen Sinnen erfahrbaren filmischen Raum der Klänge und haptischen Oberflächen von Körpern und Texturen atmosphärisch wirksam.

Diese vom Film geschaffene Atmosphäre beschreibt Seeßlen weitergehend als „die Illusion eines Ortes, an dem wir atmen könnten, in dem wir eine Aura fühlen" (ebd.). Atmosphärisch wirksam werden diese Orte nach Seeßlen durch die Ausstattung dieses Raumes mit „einem Vorrat an Geheimnissen" (ebd.), um das geheimnisvolle Mehr, das Atmen der Bilder zu gestalten, den Ton, die eigens filmische Atmosphäre, die filmische Räume ausstrahlen. Diese Räume, die eine – von Seeßlen nicht näher erläuterte – „besondere Weise der Abbildung gefunden haben" (ebd.: 121), d.h. besonders atmosphärisch dicht erscheinen, seien gerade jene, „die besonders fern von unserer Alltagserfahrung sind" (ebd.). Demnach ist für Seeßlen die atmosphärische Wirkung von Filmen und filmischen Räumen nicht in der bloßen Rekonstruktion respektive dem Versuch der reinen „filmische[n] Imitation eines bewohnten Raumes" (ebd.: 120) zu finden. Denn bei dieser Imitation realweltlicher Atmosphären stoße das Kino an seine Grenzen, wenn durch visuelle Details wie Flecken auf Möbeln oder etwa eine auf sich selbst aufmerksam machende Maske, die die Schmutzpartikel auf dem Gesicht einer Darstellerin in einer Wüstenszene als künstliche Imitation, als „Spuren eines gelebten Lebens" (ebd.: 121), wie Seeßlen es nennt, ausweise und so versucht werde, eine Atmosphäre zu *zeigen*. Filme könnten Atmosphären nur *erzeugen*. (vgl. ebd.)

Und dies gestalte sich vor allem als eigens filmische Atmosphäre ohne Vorbild (als Beispiel nennt Seeßlen die Atmosphäre der Horrorfilme der 1930er Jahre), die sich nicht auf das Schaffen von Atmosphären beschränkt, „die man aus anderem Zusammenhang kennt, zitiert (die Atmosphäre des Lebens, der Bücher, der Bilder, der Panoramen, der Erinnerungen) und nachschöpft" (ebd.: 122).

Im Film entstehe ein atmosphärischer Raum zudem durch Bewegung. Ob damit die Bewegung der Figuren, der Kamera oder der Bilderfluss an sich mit dem Wechsel von einem filmischen Raum zum anderen gemeint ist oder ein Zusammenspiel all dessen, deutet Seeßlen teils nur an. Er spricht etwa von einer langen Kameraeinstellung, die „viel weniger Atmosphäre [schafft], als sie vielmehr in Frage zu stellen. Je länger ich im Kino etwas ansehe, desto fremder wird es mir." (ebd: 121) Das Kino, das seine Räume selbst schaffe, ließe diese auch wieder verschwinden, was so gedeutet werden kann, dass im (schnellen) Wechsel zwischen den filmischen Bildern respektive Räumen eine Bewegung mit atmosphärischem Potential liege. Bewegung kann in diesem Kontext zudem vor allem als etwas gedeutet werden, das den bewegten Bildern eigen ist und das gewissermaßen, was die Dynamik der aufeinanderfolgenden Bilder anbelangt, selbst unsichtbar ist und doch sichtbar, was Seeßlen als konstitutiv für Atmosphäre genannt hatte. Zudem thematisiert er die Bewegung von Objekten im Film am Beispiel eines Gewehres, das durch die Antizipation des Griffes des Gutsherren nach dem Gewehr und den Folgen dieses Griffes atmosphärisch aufgeladen werde, noch bevor diese Bewegung des Greifens erfolgt. (vgl. ebd.: 122)

3.4.3 Carl Plantinga – *Art Mood*

Carl Plantinga entwickelt im Rahmen seiner aus der kognitiven Filmtheorie kommenden Theorie der emotionalen Wirkungsweise eines Films ein Konzept des *mood*, indem er unterscheidet zwischen *art moods* und *human moods*.

Den *art mood* eines Films definiert er als „*affective character* of the complex of images, sounds, and fictional events and beings that allows for the unique experience the film offers.“ (Plantinga 2012: 455) Charakterisiert als affektiver Charakter oder emotionaler Ton eines Films setze sich dieser *mood* aus einem „amalgam of affective “charges” or elicitors that together characterize the overall experience of the work“ (ebd.: 461) zusammen. Die Stimmung/*mood* eines Films sei so der affektive Charakter, der aus der Kombination aller filmischen Elemente entstehe.[9] Dieser Charakter sei imstande, Stimmungen im Zuschauer auszulösen, fungiere also als möglicher Auslöser von menschlichen Stimmungen. Somit eröffnet Plantinga zwei Ebenen, aufgrund derer Stimmungen von einem Film ausgedrückt (*art mood*) werden können, selbst wenn diese nicht im Zuschauer hervorgerufen (*human mood*) werden. (vgl. ebd.: 460ff.) Der Terminus *art mood* kann als Äquivalent zu jenem der Atmosphäre eines Films herangezogen werden, wenn es darum geht, die affektive Dimension einer Atmosphäre zu beschreiben.

Interessant im Hinblick auf die Atmosphären eines Films erscheint bezüglich der Möglichkeiten, wie der affektive Charakter eines Films menschliche Stimmungen auslösen kann (vgl. ebd.: 464ff.), dass die filmischen Gestaltungsmittel und Inszenierungsweisen mit bestimmten affektiven Eigenschaften assoziiert und aufgeladen werden („affective qualities of form, style and content“ (ebd.: 467)). Diese „affectively charged “qualities” (ebd.: 465) werden durch Form und Inhalt des Films repräsentiert und ausgedrückt. Am Beispiel des Film Noir führt Plantinga an, dass Nachtszenerie, verlassene Straßen und fallender Regen alles Elemente seien, die den Eindruck der Empfindungen von Nässe, Kälte und Einsamkeit vermittelten und somit affektiv aufgeladen seien. Ebenso sei eine Stimmung des Glücks durch Helligkeit, Leichtigkeit und einen ansteigenden Gestus, der sicherlich vor allem in der musikalischen Untermalung einer Szene ausgedrückt werden kann, Traurigkeit hingegen mit Dunkelheit, Schwere, Langsamkeit sowie einer belastenden und absteigenden Bewegungsanmutung assoziiert. Jedes filmische Element, wie Einstellungsgrößen, Kamerawinkel, Kamera- und Figurenbewegung, Beleuchtung, Montage, Sound, Musik etc. sei mit bestimmten wirksamen affektiven Eigenschaften und Ausdrucksmöglichkeiten behaftet. (vgl. ebd.: 465 f.)

---

9 Plantinga konzentriert sich, ähnlich wie Smith, in seinen Filmbeispielen des *art mood* jedoch stark auf Figuren und Inhalt und nimmt die filmstilistisch-ästhetischen Gestaltungsmittel, die er lediglich nennt, nicht genau in den Blick. (vgl. Sinnerbrink 2012b: 151.

Aus der Kombination dieser Elemente ergebe sich ein sogenannter synästhetischer Effekt. Diesen fasst Plantinga als weiteres Schlüsselelement der affektiven Erfahrung eines Films auf. Mit diesem synästhetischen Effekt meint er „the means by which filmmakers combine elements in such a way that they are affectively congruent." (ebd.: 470) Ein einheitlicher affektiver Ton und Gesamteindruck werde geschaffen, wenn diese Elemente einer vereinheitlichenden ästhetischen Erfahrung dienend zusammengefügt werden. (vgl. ebd.) Filme könnten sich zudem Stimmungen funktional bedienen, einerseits in einer konventionalisierten und daher oftmals unauffälligen Weise, sodass ein Film sich nicht besonders durch seinen evozierten *mood* hervortut. Andererseits können Filme jedoch bewusst einen *mood* mittels einer zentralen ästhetischen Strategie heraufbeschwören. Diese umfasst etwa, dass die Stimmung gegenüber dem Plot in den Vordergrund gerückt wird. (vgl. ebd.: 471)

3.4.4 Greg M. Smith – *Mood Cue Approach*

Greg M. Smiths *Mood Cue Approach* ist bestrebt, im Kontext seines für den Film entwickelten *Emotion System* die emotionale Wirkung eines Films mit stilistischen Gestaltungsmerkmalen und -charakteristiken zu verknüpfen und sich nicht auf die dramaturgische Figurengestaltung als alleinigem Emotionsauslöser eines Films zu beschränken. (vgl. Smith 1999: 105 f.; vgl. Smith 2003: 8)[10] Er plädiert dafür, Stimmung als festen Bestandteil der ästhetischen Erfahrung eines Films zu betrachten, wobei die emotionale Teilhabe am Geschehen eines Films vor allem über das Auslösen und Aufrechterhalten von Stimmungen zustande komme. Hinsichtlich filmischer Atmosphären ist sein Analysemodell des *Mood Cue Approach* insofern interessant, als auch die Atmosphäre eines Films über filmstilistische Gestaltungsmittel eine emotive, affektive Wirkung beim Zuschauer zu erzeugen sucht.[11] In Smiths Ausführungen finden sich einige Parallelen

10 Sinnerbrink ist der Auffassung, dass Smith genau dies in der Analyse seiner Beispiele nicht gewährleiste. (vgl. Sinnerbrink 2012 b: 155) Dem ist zuzustimmen, da Smith sich in seiner Analyse teils stark auf narrative Aspekte wie die dramaturgische Ausrichtung der Handlung anhand der „goal orientation" der Figuren bezieht. (Vgl. Smith 2003: 51ff.).

11 Es soll bezüglich der emotionalen Wirkung auf den Zuschauer auf die Einschränkung der direkten Übertragung und Anwendbarkeit von Smiths *Mood Cue Approach* auf das Phänomen der filmischen Atmosphäre hingewiesen werden, da die

und Anhaltspunkte, die auch für das Feld der filmischen Atmosphären und deren Wahrnehmungs- und Wirkungsweise fruchtbar gemacht werden können.[12]

Laut Smith bringen Filme das Publikum nicht per se zum Fühlen. Vielmehr seien sie als Einladung zum Fühlen zu verstehen, die über die Dauer eines Films immer wiederholt und aufrechterhalten werde. (vgl. Smith 2003: 12) Dies ist vergleichbar mit den immersiven Qualitäten einer Atmosphäre, auf die sich ein Zuschauer trotz deren Anziehungskraft und unbewusster Wirkung oftmals erst einmal einlassen, die Einladung annehmen muss, um eine filmische Atmosphäre vollends auf sich wirken lassen zu können und diese nicht nur zu erkennen.

Vor allem Smiths Definition von Stimmung, dem *mood* eines Films, in Abgrenzung zum Terminus der Emotion, des Gefühls, ist interessant im Hinblick auf die atmosphärisch-emotionale Wirkung und Gestaltung eines Films. Er definiert *mood* als „predisposition toward experiencing emotion“ (ebd.: 42), als „longer-lasting but less forceful emotion state with an orienting function that encourages us to express a particular group of emotions.“ (ebd.: 38) Demnach wird *mood* als Prädisposition und als Auslöser der Erwartung bestimmter Emotionen charakterisiert, was die Aufmerksamkeit des Zuschauers auf bestimmte Stimuli kongruent zu der vorherrschenden Stimmung eines Films lenkt, andere vernachlässigt, und/oder gegebenenfalls Stimuli im Sinne dieser Stimmung (um-)deutet. (vgl. ebd.: 38) Ein *mood* erfordere wiederkehrende, ihn bestärkende „brief bursts of

---

Emotionen und affektiv-leiblichen Anmutungen, die von filmischen Atmosphären ausgelöst werden können, nicht unter *low-level emotions* fallen, wie Smith sie definiert: Der *Mood Cue Approach* thematisiert „low-level emotion-processes such as surprise or startle instead of providing explanations for more complex emotional experiences. [...] My discussion of nostalgia in Casablanca is probably about as high level an emotion as the mood-cue approach can examine with any degree of confidence.“ (Smith 2003: 171.).

12 Sowohl im Deutschen als auch Englischen wird Stimmung bzw. *mood* als Synonym für Atmosphäre verwendet, wenn die von einer Umgebung ausgehende Stimmung, die sich nicht rein auf das subjektive, innerliche Empfinden einer Person bezieht, gemeint ist. Vor allem in englischsprachigen filmwissenschaftlichen Publikationen wird der Begriff *mood* verwendet, wenn über Stimmung und Atmosphäre im Film gesprochen wird. *Atmosphere* taucht dabei vergleichsweise weniger auf, weshalb mit dem *mood* eines Films allgemein die Stimmung im Sinne seiner Atmosphäre gemeint ist. Stimmung bzw. *mood* nimmt in seiner Bedeutungskonnotation stärker als der Terminus der Atmosphäre Bezug auf die emotionale Wirkung und Dimension einer atmosphärischen Filmerfahrung.

emotion", um aufrechterhalten bleiben zu können. (vgl. ebd.: 39) Ein Film nun erzeuge gemäß dieser Definition von Stimmung und dem *Mood Cue Approach* folgend eine „emotional orientation toward a film" (Smith 1999: 125). Diese werde durch sogenannte wiederkehrende *filmic cues*, „redundant emotive cues" (Smith 2003: 43), also gewisse Auslösereize, die Emotionen beim Zuschauer bewirken, aufrechterhalten. Diese *cues* können beschrieben werden als

> <Stichworte>, die sich an das Empfindungsvermögen [...] der Zuschauer wenden [..., als] mehr oder weniger beredte (weil mehr oder weniger konventionalisierte) Schlüsselreize, zu denen sich die Zuschauer verhalten, indem sie sowohl affektiv als auch imaginativ reagieren[.]" (Bauer/Hochscherf 2013: 99)

Solche *cues* können in Form zahlreicher filmgestalterischer Mittel auftreten, etwa als „dialogue, vocal expression and tone, costume, sound, music, lighting, mise-en-scène, set design, editing, camera (angle, distance, movement) [...] and narrative situation." (Smith 2003: 42) Dabei komme es teils zu einer Koordination dieser Auslöser (beispielsweise in Form von Emotionsmarkern (vgl. ebd.: 44ff.)), um eine intendierte emotionale Orientierung gegenüber einem Film zu signalisieren und aufrechtzuerhalten. Im Narrationsverlauf später platzierte *cues* könnten dabei die ursprüngliche emotionale Orientierung unterstützen oder verändern. (vgl. ebd.: 44) Dabei wird insgesamt ein „emotional framework" (ebd.: 51) geschaffen, das die Bandbreite der überhaupt möglichen von einem Film auszulösenden Emotionen festlegt. Bei diesem Ansatz wird eine hohe Konventionalität und Standardisierung der emotionalen Wirkung eines Films mitgedacht und vorausgesetzt, da diese auf beim Zuschauer bereits bekannten Mustern und Narrationsverläufen fußt, die sich vor allem aufgrund von Genrekonventionen etabliert haben. Smith beschreibt diesbezüglich genretypische Marker („genre singposts" (ebd.: 48)), die die vorgefertigten Erwartungen an die zu erwartbaren Emotionen eines Genrefilms ansprechen und die Möglichkeit bieten, sich an einer zu erwartbaren Emotion zu orientieren. (vgl. ebd.: 48 f.)

Smiths Ansatz gibt einerseits ein filmspezifisches Vokabular der *cues* an die Hand und betont deren Gebundenheit an die filmstilistischen Gestaltungsmittel. Andererseits ermöglicht es diese Theorie, auf der dramaturgisch-narrativen Ebene durch besagte Begriffskategorien einen textimmanenten, strukturellen Aufbau der Gestaltung der sich im Verlauf eines Films sukzessive entwickelnden Atmosphäre(n) zu benennen. Losgelöst von der Fokussierung auf die emotionale Dimension kann man in diesem Sinne danach fragen, ob die Atmosphäre(n) eines Films generell über wiederkehrende atmosphärische *cues* aufrechterhalten und/oder kontrastiert werden und wie diese *cues* innerhalb der Gesamtgestaltung und -tönung einer Szene, Sequenz, eines Films gewichtet sind, d.h. ob eine gewisse Dichte an *cues* vorhanden ist.

Dabei zeigt sich in Smiths Ausführungen ironischerweise, dass gerade das Fehlen oder der sparsame und/oder nicht prototypische Einsatz der von Smith propagierten *emotion cues* dazu führt, einen Film als Stimmungsfilm zu titulieren: Die beiden Termini der „goal orientation" und „emotional informativeness" zieht Smith heran, um einerseits den Grad der narrativen Informationsdichte eines Films und andererseits die Häufigkeit und Art der *emotion cues* im narrativen Verlauf eines Films beschreiben zu können (und wendet sich somit in seiner Analyse vom von ihm selbst propagierten Fokus auf die filmstilistischen Mittel hin zur narrativen Eingebundenheit der *cues* ab). (vgl. ebd.: 51ff.) Wenn eine geringe dramaturgische Ausrichtung der Figuren auf ein Ziel hin und damit gepaart eine die Narration nur spärlich vorantreibende, weil kaum vorhandene Plotdramaturgie aufgrund fehlender Informationen über Motivationen und Ziele der Figuren vorhanden ist, sowie vor allem eine geringe Häufigkeit von emotionalen *cues* und Markern generell, insbesondere jedoch jener erkennbaren und leicht einzuordnenden Schlüsselreize auftrete und somit die oben beschriebenen prototypischen Erwartungen an den emotionalen Verlauf eines Films unterlaufen würden, spreche man von einem „mood film" (ebd.: 53). Das heißt, sobald die *cues* ihre klare Koordiniertheit, Wiedererkennbarkeit, Redundanz und Direktheit, die eine eindeutige emotionale Orientierung gegenüber dem Film als Ganzem ermöglichen, verlieren, wird über eine gewisse Subtilität und Unkonventionalität bezüglich der emotionalen Wirkung von einem Stimmungsfilm gesprochen. (vgl. ebd.: 52 f.)

4. Die Ausgestaltung der Atmosphäre(n) in den Filmen von Terrence Malick

„Your eyes... Your ears... Your senses... will be overwhelmed.“ (Lee 2002: o.S.)

Diese Tagline von Malicks zweitem Film DAYS OF HEAVEN ist eine prägnante Formulierung, die auf Malicks gesamtes Œuvre anwendbar ist. Hinsichtlich seiner Filme von einem „sinnlichen Kino *par excellence*“ (Mihm 2000: 57) zu sprechen, eröffnet den Fokus auf die atmosphärische Ausgestaltung dieser, da Atmosphären vor allem anderen als sinnliche Erlebnisse einzustufen sind. Um diese atmosphärische Gestaltung und Wirkungskraft seiner Filme zu erkunden, werden die folgenden Analysen damit beginnen, die sich im Laufe seiner Karriere immer weiter ausdifferenzierende Schaffung eines spezifischen Erzählstils in den Blick zu nehmen.

4.1 Filmstilistische Gestaltung der Atmosphäre(n)

4.1.1 Malicks Erzählstil

Terrence Malicks Filme zeichnen sich durch einen sehr charakteristischen Erzählstil aus, der in hohem Maße an der atmosphärischen Wirkung seiner Filme beteiligt ist. Die filmstilistischen Gestaltungsmittel der Montage sowie des Voice-Over dienen Malick explizit dazu, filmische Atmosphären hervorzurufen und diese im Verbund mit anderen Gestaltungsebenen wie der Musik, Lichtstimmungen oder Geräuschkulissen zu intensivieren. Zielen Letztgenannte neben dem Setting vor allem darauf ab, die filmischen „Umgebungsqualitäten“ atmosphärisch auszukleiden oder affektiv zu überhöhen, werden Montage und Voice-Over als eigenständige atmosphärische Sphären wirksam.

4.1.1.1 Erzählfluss der Bilder – Momentaufnahmen als Träger der Atmosphäre

Mit Blick auf Terrence Malicks gesamtes Œuvre ist hinsichtlich des Erzählstils seiner Filme ein deutlicher Schnitt zwischen seinen beiden Frühwerken BADLANDS und DAYS OF HEAVEN und der Schaffensperiode ab THE THIN RED LINE zu erkennen. Auch wenn beide Erstgenannte ebenfalls das Stillmittel des Voice-Over verwenden und sich Anklänge an das spätere fragmentarische Erzählen finden lassen, sind die Erzählstile dieser beiden Filme nicht im gleichen Maße durch die Montage der Einstellungen, die einen spezifischen Erzählfluss und Rhythmus der Bilderabfolge kreiert, bestimmt.[13]

Ab THE THIN RED LINE lässt sich in allen Filmen eine sukzessive Weiterentwicklung eines vor allem durch die Montage geprägten Erzählstils erkennen, bei dem sich Atmosphärisches und Wechsel bzw. Brüche in der atmosphärischen Gestaltung vor allem über die Etablierung eines gewissen Bilderflusses entfalten. Dieser ist geprägt durch rhythmische Wechsel im Schnitttempo, bei dem sich Momentaufnahmen als Träger der Atmosphäre herauskristallisieren, die in einer ständigen Dynamik zwischen der Flüchtigkeit eines Moments und dem Verweilen in einem solchen changieren. Dabei wird die Montage der Einstellungen als atmosphärisches Mittel wirksam, das neben assoziativen Verknüpfungen der Bilder ebenso eine fließende Zeiterfahrung in Malicks Filmen erzeugt. Somit kann die Montage als atmosphärische Kategorie bezeichnet werden. Zur Veranschaulichung dieser These nehmen die folgenden Analysen einzelne Szenen und Sequenzen der Filme näher in den Blick.[14] Was genau mit „Momentauf-

---

13 Ansätze der Fragmentierung des Erzählflusses finden sich den frühen Filmen in jenen Einstellungen, die von der Narration scheinbar losgelöste Naturimpressionen fokussieren. Diese Einstellungen sind in BADLANDS und DAYS OF HEAVEN jedoch stärker in den narrativen Verlauf der Filme eingebunden und speisen somit ihre Funktion eher aus dem Verhältnis mit der narrativen Ebene als aus der stilistisch-atmosphärischen Gestaltungsebene allein. (vgl. 4.2.).

14 Dabei von Szenen und Sequenzen als narrativen Einheiten zu sprechen, „die räumliche und zeitliche Kontinuität suggerier[en]“ (Elsaesser/Hagener 2008: 115), stößt teils an seine Grenzen. Wenn sich diese Momentaufnahmen durch den vereinzelt abrupten Wechsel zwischen Perspektiven, Ort und Zeit innerhalb der Diegese auszeichnen, lassen sie sich nicht im Sinne eines klassischen Szenenaufbaus lesen, der eine Kohärenz von Ort und Zeit propagiert.

nahmen als Träger der Atmosphäre“ gemeint ist, wird sich im Folgenden darlegen.

In THE THIN RED LINE fokussieren zahlreiche Einstellungen im Film die sinnliche Erfahrung der Umgebung und zeigen Augenblicke der inneren Reflexion der Protagonisten ebenso wie Naturimpressionen. Diese fungieren als atmosphärische Einschübe, die keinerlei Funktion für den Fortgang der Handlung aufweisen. In jenen Momenten hält die Handlung inne und der Film fokussiert sich stattdessen auf die atmosphärische Auskleidung der filmischen Welt. Solche meditativ anmutenden Momente zeigen sich in THE THIN RED LINE etwa in jenen Einstellungen, die Private Witt (James Caviezel) dabei zeigen, wie er Wasser über das Blatt einer Pflanze gießt und gedankenversunken den Tropfen beim Abperlen an der Oberfläche zusieht. Ein weiterer atmosphärischer Einschub dieser Art gestaltet sich als sehr kurz und doch einprägsam, als ein im Dickicht des Grases versteckter Soldat inmitten des Kampfgeschehens das Blatt einer Mimose berührt, das sich daraufhin wie als Reaktion auf die direkte Berührung zurückzieht und schließt. Die im ersten Beispiel ausgedehnte, im zweiten eher flüchtig kurze Fokussierung der Wassertropfen bzw. der zarten Pflanzenoberfläche werden in diesen Einstellungen als sinnliche Momente der Zärtlichkeit und Verletzlichkeit erfahrbar. Diese temporären Augenblicke der Entschleunigung und Besinnung fungieren als atmosphärisch ruhende Pole, die über die Montage zwischengeschnitten werden. In diesem Kontext sind im Verlaufe des Films ebenso zahlreiche Einstellungen zu finden, die Charaktere in nachdenklich verharrender Haltung zeigen. Solch eine Einstellung von Private Bell (Ben Chaplin) ist eingefügt in einer Aneinanderreihung kurzer Momente, die gerahmt werden von Witts Gesicht, sich jedoch seiner Perspektive entziehen und Ausdruck eines größeren atmosphärischen Bilderflusses sind, der Momentaufnahmen assoziativ verbindet: Die Kamera folgt Witt zurück ins Lager der Kompanie, schweift im Folgenden über Impressionen von unbekannten Soldaten, bevor Witts Gesicht in Großaufnahme ins Bild kommt. Darauf folgt der Schnitt zu verwundeten Soldaten, sodass der Eindruck entsteht, gemäß kausaler Verbindung der Bilder, Witt würde diese Soldaten anschauen. Jedoch wird diese Annahme unterlaufen, da die folgenden zwei Einstellungen Private Bell außerhalb des Lagers im Gras sitzend sowie die Hände zweier dunkelhäutiger Menschen zeigen. Es wird nicht aufgelöst, wem diese Hände zuzuordnen sind und wo sich diese Personen in Relation zu Witt oder Bell befinden, bevor dann wieder direkt zur Großaufnahme von Witt geschnitten wird. (vgl. Abb.1)[15] Entgegen dem ersten Eindruck könnte nun geschlussfolgert werden, dass Witt diese Hände betrachtet. Die Einstellungsfolge scheint sich jedoch insgesamt einer kausalen Anschlusslogik der Montage zu entziehen. Malick unterläuft hierbei Konventionen des *Eyeline Matches* (vgl. Elsaesser Hagener 2008: 115), desorientiert den Zuschauer räumlich und legt stattdessen den Fokus auf die Bilder selbst und die Assoziationen, die sie in ihrem Verbund auslösen. Die fließende Montage dient hierbei als Atmosphärenträger, da sie verschiedene Eindrücke zu einem atmosphärischen Ganzen zusammenschließt. Da Witt sehr emotional auf das, was er betrachtet, reagiert, kann dieses Beispiel als durch die Montage entstandene Atmosphäre der Ergriffenheit und Einkehr gedeutet werden. Der Fokus liegt hierbei nicht auf dem, was Witt tatsächlich anblickt, sondern auf einer sich über die Abfolge der Bilder assoziativ entwickelnden melancholischen, ruhenden Stimmung. Diese vor allem in THE THIN RED LINE oftmals kontemplativ und meditativ anmutenden Einstellungsfolgen können als Teil eines atmosphärischen Ausdrucks der Ruhe, die Malicks Filme durch das Verweilen in Momentaufnahmen ausstrahlen, gelesen werden: „There is a calm at the heart of Malick's art, a calmness to his cinematic eye[.]“ (Critchley 2005: 147)

Der Erzählstil von THE NEW WORLD ist geprägt von einer Montage der Einstellungen, bei der sich die Abfolge der Bilder ebenfalls nicht immer durch zeitliche Linearität oder kausale Anschlusslogik auszeichnet. Es finden sich durchaus linear-kausale Erzählabschnitte, die dem narrativen Fortgang der Geschichte verhaftet sind und vor allem durch Dialoge vorangetrieben werden. Jedoch werden diese immer wieder unterbrochen von ebenjenen Passagen, in denen sich die Montage dieser festen Linearität und Kausalität verweigert: Die Bilderabfolge wird dabei nicht in den Dienst der narrativen Anschlussfähigkeit gestellt, sondern ist vielmehr Ausdruck eines visuellen Kaleidoskops, welches flüchtige Assoziationen und Impressionen aufeinanderprasseln und im Fluss dieser Bilder dann im Gesamten wirken lässt. Das einzelne Bild fungiert hierbei nicht zwingend als narrativ eingebundene Einstellung innerhalb einer Szene, sondern wird stattdessen im Sinne einer sinnlich wirksamen Impression über assoziative

15 Diese und sämtliche Abbildungen, auf die im Folgenden in der Analyse verwiesen wird, sind online unter www.nomos-shop.de/36193 einzusehen. Alle Abbildungen sind Screenshots aus den im Filmverzeichnis aufgeführten DVD-Editionen/Filmversionen der behandelten Filme Malicks.

Verknüpfungen in Relation zu den vorherigen und nachfolgenden Eindrücken respektive Bildern gesetzt.

Es entsteht so ein sinnlich-atmosphärischer Bilderfluss im Verlauf des Films, der sich auf die visuelle Expressivität der Bilder konzentriert. Die einzelnen Einstellungen „gain in significance as they occur one after another in the course of the film and as they meet the spectator's reflexive mind." (Lehtimäki 2012: 134) Innerhalb der Wahrnehmung des Zuschauers stellt sich so das Gefühl eines gewissen „organic and flowing effect" (ebd.: 133) ein, der auf ebendieser sinnlichen Verknüpfung der Bilder fußt. Dabei tun sich diese Momentaufnahmen durch das Präsentische des Gezeigten in diesem bestimmten Augenblick hervor und sind dabei einem visuellen Erzählen mit Bildern verhaftet, das sich auf die (sinnliche) Erfahrung eines (atmosphärischen) Moments konzentriert. Ein oftmals dynamischer Schnittwechsel zwischen solchen kurzen Momentaufnahmen zeigt etwa die verschiedenen Stadien der Annäherung zwischen Pocahontas (Q'orianka Kilcher) und Captain Smith (Colin Farrell) als eine fließende Bilderabfolge.[16]

In dieser Sequenz, die beispielhaft für die atmosphärische Montagegestaltung des Films dient, folgt die Montage oftmals nicht den klassischen Regeln der Continuity (vgl. Elsaesser/Hagener 2008: 113ff., 145), da diese Einstellungsfolgen eben nicht im Sinne von der Narration untergeordneten Handlungseinheiten zu verstehen sind, die räumliche und zeitliche Kontinuität und Kohärenz suggerieren (wollen). Jump Cuts können zwar als solche bemerkt und dadurch die Aufmerksamkeit auf die Montage an sich lenken. Sie werden aber nur bedingt als störend empfunden, da Malick die räumliche Konfiguration einer Einstellung oftmals gar nicht erst einführt: Durch die oftmals bei einem Orts- oder Zeitwechsel große Nähe der Kamera zu Texturen, Händen, Gesichtern u.a. verweigert Malick einen Überblick über Schauplatz und Figuren. Die Nähe der Kamera zu den Figuren, die durch die Montage entstehenden dynamischen, schnellen Wechsel in Kamerawinkeln und -positionen, wie etwa bei den Annäherungsversuchen über Berührungen zwischen Smith und Pocahontas am Strand, sowie die teils schnelle Abfolge der Einstellungen mit abrupten Orts- und Zeitwechseln lassen ein Bildergeflecht entstehen, das in den jeweiligen Moment eintaucht und diesen im Sinne einer Assoziationsmontage mit den folgen-

---

16 Timecode: 00:36:32-00:44:00. Die Sichtung der Filme wurde mit einem VLC Player durchgeführt, dessen Timecodes u.U. ein paar Minuten von gängigen DVD-Playern oder anderen Mediaplayern abweichen können.

den verknüpft. Gepaart mit dem Wechsel zwischen den inneren Stimmen von Pocahontas und Smith entsteht eine fließende Synthese zwischen den Kameraeinstellungen. Dieser Eindruck des Fließens der Bilder(-assoziationen) bewirkt einen nahtlosen Übergang von der einen zur anderen inneren Perspektive. Begleitet von der elegisch, erhabenen, immer mal wieder anschwellenden Musik und oftmals in Szene gesetzten Wassermotiven entsteht eine fluide Dynamik der Impressionen. Dabei finden sich über den gesamten Film verteilt zahlreiche „eingelassene Zwischenbilder“ (Schmitt 2009: 161) von vor allem Naturimpressionen, die sich nahtlos in dieses Kaleidoskop des atmosphärischen Bilderflusses einfügen. Vor allem diese wirken assoziativ in der Verknüpfung mit anderen Einstellungen, da sie wie kurzzeitig abschweifende Blicke der Kamera zur in sich ruhenden Natur erscheinen, die das filmische Geschehen rund um die Figuren in einen friedvollen, kontemplativen Kontext betten.

Assoziationsmontage wird hierbei verstanden als „Form der Montage, bei der durch die Zusammenstellung der Bildeinstellungen beim Zuschauer bestimmte Assoziationen hervorgerufen werden sollen.“ (Monaco 2003: 16) Im Gegensatz zu Sergej Eisensteins Attraktionsmontage setzt diese bei Malick nicht auf Kontrapunkte, die vormals Erschütterungen und starke Emotionen auslösen sollen. Ebenso wenig ist der Zuschauer direkt angehalten, den Schritt von einer affektiven Assoziationskette zum reflektierenden Verstehen und Deuten der Verbindungen zu gehen und die „Intention auf einen bestimmten thematischen Endeffekt“ (Eisenstein 2003: 61) durch Verknüpfung der Bilder zu erkennen. Vielmehr fungiert die Montage in Malicks Filmen als stimulierendes Element, das seine Funktion in der affektiven, sinnlichen und atmosphärischen Verflechtung der Bilder selbst sucht und über die zahlreichen Verkettungen eine Gesamtstimmung zu evozieren sucht. Um die Terminologie Eisensteins aufzugreifen, wird dabei kein thematischer, sondern ein atmosphärischer Endeffekt zu erlangen ersucht.

Dabei kommt es in THE NEW WORLD immer wieder zu Momenten innerhalb dieser Assoziationsketten, welche „eine lineare Zeiterfahrung, die Zeiterfahrung der Geschichte, kurzzeitig unterbrechen.“ (Schmitt 2009: 164) Abrupte Orts- und Zeitwechsel zwischen Einstellungen bewirken gepaart mit der Unsicherheit darüber, ob manche Einstellungen als zeitliche Vorgriffe oder als Erinnerungen einer Figur einzuordnen sind, ein fließendes Zeitgefühl des Momentischen, bei dem nicht immer auszumachen ist, was wann, was vorher, was nachher geschieht.[17] Die Montage der Einstellungen eröffnet so Raum für ein zeitlich-atmosphärisches Im-Moment-Sein der Bilder.

Auch THE TREE OF LIFE evoziert über die Montage der Bilder eine besondere Form der Zeiterfahrung, die unabhängig von der chronologischen Abfolge der Ereignisse ein atmosphärisches Im-Jetzt-Sein in den Mittelpunkt stellt. Im Kern wird die Handlung um die O'Brien Familie als Verbund von Erinnerungsfragmenten des erwachsenen Jack (Sean Penn) präsentiert. Es lässt sich ein immer wieder zu Jack zurückkehrender Gestus der zeitlichen Darstellung erkennen, bei dem mehrere Zeitebenen über die Montage fließend miteinander verschachtelt werden. (vgl. Abb.2) Der Film regt das Gefühl einer Parallelität verschiedener Zeitebenen an, ob imaginär als Teil einer „erinnerten Zeit" oder als Imagination einer Art zeitlosen Raums des Jenseits, in dem Jack am Ende des Films auf sein jüngeres Ich trifft. Es entsteht eine Form der Zeiterfahrung, die das Gefühl einer kontinuierlichen Fluktuation von Zeit evoziert. Zeit wird dabei „as something holistic rather than incremental" (Carruthers 2016: 132), „not as logical progression but as a widened web of affinities" (ebd.: 134) wahrgenommen. Die Betonung liegt hierbei auf der Zeit*erfahrung*, da Malick eine sinnliche Natur der Zeiterfahrung als etwas, das einen umschließt, das fragmentiert ist und gleichzeitig fließt, fühlbar macht. (vgl. ebd) Durch die über die Montage entstehenden fluidalen Wechsel zwischen den Zeiten sowie die rhythmischen Wechsel zwischen Flüchtigkeit und Verweilen entsteht ein atmosphärischer Wahrnehmungsraum eines fließenden Zeitgefühls, „forging a kind of time that is additive (this *and* that) rather than progressive („this *and then* that")." (ebd.: 127)

In ihrem Zusammenschluss entfalten die Bilder in THE TREE OF LIFE einen rhythmischen Fluss, ein Ineinandergleiten der (Kamera-)Bewegungen, bei dem sich Ruhe und Beschleunigung abwechseln. Diese Wechsel der Schnittfrequenz dienen nicht so sehr einer dramaturgischen Verdichtung zu einem narrativen Höhepunkt hin als vielmehr der Schaffung atmosphärischer Assoziationsmontagen, die sich durch die Schnelligkeit der Schnitte zu kleineren Einheiten verbinden, zwischen denen kurze Ruhephasen entstehen. Derart entsteht ein erzählerischer Strom, „der sich wie ein Fluss an bestimmten Stellen verdichtet, beschleunigt, nur um sich

17 Timecode: 00:57:28-00:59:37.

gleich darauf wieder zu verzweigen und eine neue Richtung einzuschlagen[.]“ (Kamalzadeh/Pekler 2013: 184)

So bildet die Phase des Aufwachsens von Jack (Hunter McCracken) und seinen (innerhalb der Diegese namenlosen) Brüdern (Laramie Eppler, Tye Sheridan) vom Säuglings- bis zum Kindesalter eine solche atmosphärische Einheit, die sich ähnlich einer mäandernden Bewegung immer mal wieder in ihrer Intensität zuspitzt, indem Musik, Schnitt und Kamerabewegung die Kindheit in ihrem lebensbejahenden, temporeichen, spielerischen Rhythmus und Gestus ausdrücken.[18] Zwischenschnitte zu einem Herbstblatt, das verweht, Lichtreflexionen und Schattenspielen an der Wand, einem im Wind wehenden Fenstervorhang, dem Flug eines Schmetterlings und dem Aufsteigen von Seifenblasen sowie zu Regentropfen auf einem Blatt fungieren als Assoziationen, die einen atmosphärischen Mehrwert anbieten. Ob als in der Natur verhafteter Lauf der Zeit, sinnliche Naturverbundenheit und/oder Ausdruck eines pantheistischen Weltverständnisses gedeutet, diese vernetzen sich mit Momenten des Laufenlernens, Treppenerklimmens und Herumtollens der Kinder. Eine Atmosphäre von Bewegung, Sinnlichkeit, Freiheit und Agilität steht dabei ruhigeren Momenten des Erforschens und Staunens über die Welt entgegen. In Phasen mit schneller Schnittfrequenz wird dabei ein „furioser Wirbel erzeugt, ein Sog, ein Vortex, der de[n] Betrachter […] erhebt in kontrolliertem Taumel und atemloser Ruhe.“ (Egger 2011: o.S.)

Zu Beginn des Films dagegen findet sich eine Atmosphäre der stillen Trauer und Schwermütigkeit, bei der über langsamere Schnittkadenz, ruhigere Kamerabewegungen sowie Jump Cuts die Verlorenheit, innere Leere, die Entwurzelung und der Schock über den Tod des Bruders vermittelt werden. In jenem Verbund von Szenen, in dem sich Jacks Aggression und Revolte seinem Vater gegenüber entwickelt und Bahn bricht, macht der Fluss der Bilder hingegen wiederum die Kraft von Jacks entfesselter Energie greifbar, indem bewegliche, abrupte, harsche Kamerabewegung sich mit elliptischen Jump Cuts paart und so eine Atmosphäre der Erregung heraufbeschwören. (vgl. Carruthers 2016: 133) Im Verlaufe des gesamten Films findet sich eine deutliche Verringerung der Schnittkadenz und damit auch der über die Montage bewirkten atmosphärischen Dichte des Bilderflusses in jenen eher narrativ geprägten Sequenzen, die um den Vater kreisen. Das beschwingte Gefühl der rhythmischen Montage macht Platz für

18 Timecode: 00:33:41-00:45:40.

eine Atmosphäre des Stillstandes, der Oppression und Schwere durch den Vater.

Man möchte bei den durch rhythmische Wechsel im Schnitttempo evozierten Übergängen von einer Atmosphäre zur anderen in The Tree of Life nicht so sehr von Brüchen sprechen, da sie über den fließenden Schnitt nahtlos ineinander verschachtelt sind und sich in ein atmosphärisches Gesamtbild fügen. So werden beispielsweise teils surreal, traumhaft anmutende Bilder eingespeist, die vereinzelt als Vorstellungen von Jack zu deuten sind und dem Film eine märchenhafte, von den fantastischen Vorstellungen der Kindheit durchzogene Stimmung verleihen. Dies sind jedoch nur kurze Einschübe, die momenthaft in den Vordergrund treten und sich bald wieder zurückziehen. (vgl. Abb.3)

Durch das Aufeinanderprasseln vieler verschiedener Eindrücke entsteht „[a] play of [...] interconnection and rupture as they oppose and constitute each other." (Carruthers 2016: 127) Der Film erweckt so den Eindruck, „Gedanken, Stimmungen, Gefühle und Erinnerungen *in* Bilder [zu überführen.]" (Kamalzadeh/Pekler 2013: 184) Und ebenso wie sich Gedanken, Stimmungen, Gefühle und Erinnerungen durch Unabgeschlossenheit, Nichtlinearität, assoziative Bruchstückhaftigkeit, Flüchtigkeit und Ineinanderfließen auszeichnen können, so gestaltet sich auch der „an [den] Grenzen der Erzählbarkeit" (ebd.) angesiedelte Erzählstil von The Tree of Life. Die nach klassischen narrativen Theorien als Diskontinuität zu bezeichnende Relation zwischen manchen Einstellungen kann jedoch einen gewissen „sense of propulsion from one [shot] to the next" (Carruthers 2016: 132) nicht mindern. Denn gerade in dieser Diskontinuität und dem teils kontrastierenden, abrupten Wechsel in Bewegungs- und Blickrichtungen von Figuren und Kamera gleichermaßen, entfaltet sich über die visuelle Verdichtung der Bilder mittels der Rhythmuswechsel der Montage ein Spannungsgefühl zwischen Entspannung und Anspannung, erholsamem Ruhen und rastlosem Vorwärtsdrängen. In diesen Oppositionen liegt eine atmosphärische Ambivalenz und Vielschichtigkeit, die diesem Film gleich den atmosphärischen Bewegungsanmutungen nach Böhme eine Kraft der Be- und Entschleunigung, eine erhebende Wirkung, eine Anmutung des Aufsteigens und Gleitens verleihen, die den Zuschauer in seinem affektiven und somatischen Filmerlebnis erfassen kann. Es entsteht eine sinnlich-somatische Einbindung des Zuschauers über die ständige Bewegung im Bild, zwischen den Bildern sowie der Sinnlichkeit der Bilder an sich. Ein Gefühl des fluiden Übergangs verbindet Einstellung um Einstellung miteinander, so wie auch vieles, was sich vor der Kamera abspielt, einer fließenden Bewegung eingeschrieben ist (vgl. ebd.: 136), seien es Bilder von Flüssen und Wasser an sich, seien es sich im Wind wiegende Baumkronen oder die sich ständig in Bewegung befindlichen Protagonisten.

All diese Attribute der Montage treffen ebenso auf den Bilderfluss in To the Wonder und Knight of Cups zu. Ein doch merklicher Unterschied zur Montagegestaltung in The Tree of Life findet sich in den unzähligen Jump Cuts, die sich in Knight of Cups, mehr noch in To the Wonder weitaus zahlreicher finden lassen. Vor allem To the Wonder mutet phasenweise wie eine Aneinanderreihung von Jump Cuts an. Der Umzug von Marina (Olga Kurylenko) und ihrer Tochter (Tatiana Chiline) in die USA etwa wird durch einen nahtlosen Übergang in einen fluktuierenden „Bilderstrom" in der Montage verdeutlicht.[19] Zahlreiche Jump Cuts verbinden jene Momente der Zweisamkeit mit Neil (Ben Affleck) auf dem offenen Feld zu einer Collage des sich Annäherns und Entfernens der Protagonisten zu- und voneinander. Die Montage erzeugt in dieser Sequenz ebenso einen gleitenden Wechsel und nahtlosen Übergang zwischen Tageszeiten und Orten, sodass Atmosphären der Luftigkeit, Leichtigkeit und Spontaneität diese Bilderfolgen durchziehen. Diese Jump Cuts wirken wie eine zu einem vorläufigen Endpunkt gelangte Entwicklung der Montageästhetik Malicks, die das adäquateste Mittel zum Ausdruck der Sprunghaftigkeit und Flüchtigkeit des Kaleidoskops der Augenblicke darstellt. In To the Wonder herrscht so eine durchgängige Ästhetik der flüchtigen Momente. Bild und Einstellung wechseln teils so abrupt, dass die zu Beginn des Films etablierte Homevideo-Ästhetik der Handkamera, bei der innerhalb der Diegese Aufnahmen von Marina im Zug gemacht werden, als Leitfaden für die Montage dient: Der gesamte Film erscheint im Stil einer Art Wechsel von spontan festgehaltenen Impressionen.

4.1.1.2 Die Stimmen aus dem Off – Atmosphäre der Innerlichkeit

Oftmals eröffnet eine filmische Atmosphäre für die innerhalb eines dramaturgisch-narrativen Verlaufs agierenden Figuren einen innerlich subjektiven Bedeutungs- und Empfindungsrahmen, eine Art an die Figuren gebundenen sinnlichen Wahrnehmungshorizont, der die Beziehung der Figur zum filmischen Raum und der Umgebung, dem diegetischen Universum,

---

19 Timecode: 00:10:20-00:12:35.

bestimmt. Als Umgebungsqualität befördert sie so eine gewisse Tönung der Lebens- und Empfindungswelt einer Figur und bestimmt, *wie* eine Figur sich in ihrer Welt befindet. So kann u.U. ein spezifischer Wirklichkeitsbezug, ein eigenes Weltverständnis einer Figur atmosphärisch zum Ausdruck gebracht werden. Dies kann als eine erweiterte Form der Engführung von Figur und Umwelt nach Wulff gelten, indem die Atmosphäre nicht nur „als Externalisierung des Figuren-Inneren" (Wulff 2012: 112) fungiert, sondern als Vermittler für den Zuschauer auftritt, der der Weltsicht, Wahrnehmungsweise und dem emotionalen Weltzugang der Figur, d.h. ihrer Beziehung zur diegetischen Welt, Ausdruck verleiht. (vgl. Smid 2012: 150) Tereza Smid führt in diesem Kontext eine gewisse „intersubjektiv erfahrbare Subjektivität der Figur" (ebd.: 153) auf die atmosphärische Wirkung des Verfremdungseffekts der Unschärfe zurück. Bei Malick findet sich mit dem Voice-Over ebenfalls ein filmstilistisches Gestaltungsmittel, das über seine auditiv-atmosphärische Wirkung einen Zugang zur Weltsicht und Wahrnehmungsweise der Protagonisten bietet. Jedoch fungiert das Voice-Over bei Malick als Vermittler einer Atmosphäre der Innerlichkeit nicht ausschließlich als Mittel zur Erfahrung einer „intersubjektiven Subjektivität". Vielmehr tritt es auch mit narrativen Elementen über seine atmosphärische Wirkung in Kontakt und Kontrast.

Die Voice-Overs in Terrence Malicks Filmen sind fast durchgehend als diegetische Stimmen angelegt, bei denen Figuren, die Teil der Handlung sind, das Geschehene aus dem Off begleiten. Eine Ausnahme bildet die extradiegetische Erzählerstimme Ben Kingsleys in KNIGHT OF CUPS. In den Frühwerken Malicks, BADLANDS und DAYS OF HEAVEN, dienen die Off-Stimmen im Grundsatz einer retrospektiven, subjektiven Kommentierung des Geschehens. Zudem findet sich in diesen Filmen jeweils nur eine kommentierende Stimme, die jedoch weniger narrativ funktionalisiert wird im Sinne der Schilderung des Fortgangs der Handlung, als vielmehr auch als Teil der atmosphärischen Gestaltung der Filme dient. In THE THIN RED LINE und den folgenden Filmen findet sich hingegen ein ständiger, teils ineinander verschachtelter Perspektivwechsel zwischen zahlreichen inneren Stimmen der Protagonisten. In diesen Filmen wird die narrativ begleitende Funktion der Stimmen fast gänzlich aufgehoben, indem die Stimmen Ausdruck eines Im-Moment-Seins werden, das zeitlich losgelöst scheint vom Geschehen in der Diegese. Bewusstseinsströmen gleich erklingen aus dem auditiven Off Gedankenfetzen, existentialistische Reflexionen über das Sein, das eigene Leben und die Beziehung zu Nahestehenden sowie Schilderungen von intimen Gefühlen, die nicht selten den

Eindruck vermitteln, über den Bildern zu schweben. Die Ebenen von Bild und Wort scheinen zwar auf gewisse Weise verbunden, jedoch bilden die inneren Stimmen eine selbstständig wirksame atmosphärische Einheit, „[i]n some mysterious way they feel selfcontained, separate.“ (Seitz 2013: o.S.) Es entsteht eine eigene Sphäre der Stimmen aus dem Off, die als Atmosphäre der Innerlichkeit beschreibbar ist. Die inneren Monologe gleichen dabei „eine[r] Art <entkörperlichte[m] Sprechen>,“ (Martig 2013: 265) das zwar gebunden ist an bestimmte Charaktere und ihr Seelenleben, gleichzeitig jedoch geprägt ist von einer Zeitlosigkeit und die Narration überspannenden atmosphärischen Einfärbung, gleich einem mythisch anmutenden Erzähler, der der Geschichte einen bestimmten Ton verleiht.

Hollys (Sissy Spacek) Stimme in BADLANDS ist in hohem Maße bedeutsam für die den Film durchziehende Atmosphäre einer gewissen Entrücktheit gegenüber dem Geschehen der Handlung. Dies ist vor allem der Art und Weise der Intonation ihrer Stimme geschuldet, in der eine große Monotonität, Teilnahmslosigkeit und Indifferenz gegenüber dem Geschehen zum Ausdruck kommt. Ihre Stimme scheint so, seltsam losgelöst und distanziert von den Ereignissen und dem visuell Abgebildeten, in einer eigenen Sphäre der Entrücktheit zu schweben, die sich atmosphärisch über den Film als Ganzem stülpt. So bleibt auch der Zuschauer durch diese Intonation von Hollys Stimme seltsam abgehoben und unbeteiligt, den mörderischen, tragischen Ereignissen entrückt.

Diese Sphäre bietet Raum für Abschweifungen vom Geschehen, denn Holly verliert sich in ihren Äußerungen teils in Fantasien und Träumereien („Sometimes I wished I could fall asleep and be taken off to some magical land.“). Gepaart mit ihrer naiven Unbekümmertheit verleiht Hollys Stimme dem Film so einen märchenhaft anmutenden, realitätsfernen, teils surreal und/oder poetisch anmutenden Ton. Hollys Stimme schafft einen atmosphärischen Raum einer schwelgerisch-verträumten und zugleich „unterkühlten Distanziertheit“ (Mihm 2000: 45), der über der Narration als solcher schwebt und teils mit dieser kollidiert. So passen das im Bild Gezeigte und das von Holly in ihrer fast tranceartigen Distanziertheit Gesagte oftmals nicht zusammen: „The whole film raises questions about the primacy of either the voice-over or the image as a fixing element[.]“ (Bignell 2005: 49) Deutlich wird dies etwa, als Holly von der beginnenden Liebe zwischen Kit (Martin Sheen) und ihr erzählt, während Kit bei seiner Arbeit und seiner Brutalität gegenüber Tieren gezeigt wird. Nicht zuletzt entfaltet sich im Verhältnis von Voice-Over und Plot eine atmosphärische Spannung zwischen kindlicher Unschuld und den moralisch fragwürdigen

Verbrechen, derer sich Holly mitschuldig macht. Das Voice-Over, klassischerweise Zugang zur narrativen Welt, verliert somit seine eigentlich narrative Funktion, um dem Film eine Grundatmosphäre zu verleihen.

Auch die Stimme von Linda (Linda Manz) aus DAYS OF HEAVEN wird vor allem atmosphärisch wirksam, weil sie dem Film die Färbung einer mädchenhaften Unbekümmertheit verleiht, die mit den tragischen Entwicklungen der Handlungen kollidiert. (vgl. Crofts 2001: 23) In jenen Augenblicken, in denen Linda in ihren Äußerungen mythisch anmutende Geschichten aufgreift, zeigen sich zudem atmosphärische Tönungen, die sich über die Handlung legen. Gleich zu Beginn der Narration, als die Farmhelfer mit dem Zug auf der Farm eintreffen, erzählt sie von einer apokalyptischen Geschichte, in der die ganze Welt in Flammen aufgehe („I met this guy named Ding-Dong. He tell me the whole earth is going up in flames. (…) They – The people that's been good, they're going to go to heaven and escape all that fire. But if you've been bad, God don't even hear you. He don't even hear you talking.") Dadurch nimmt sie nicht nur das zerstörerische Feuer auf der Farm am Ende des Films vorweg, „it also sets the tone for the rest of the film, providing a mythological sweep and background." (Power 2003: 108) Eine ähnliche Wirkung haben ihre Äußerungen gegen Ende des Films, als sie ihre Assoziationen und Eindrücke des nächtlichen unheimlichen Flussufers schildert ("Some sights that I saw was really spooky that it gave me goosepimples."). Auch Aussagen darüber, dass die Weizenfelder in ihren Träumen zu ihr sprechen würden, verleihen dem Film eine mythische, märchenhafte Stimmung, die jedoch nur sporadisch durch Lindas Äußerungen in den Vordergrund rückt.

Die zahlreichen Stimmen aus dem Off in THE THIN RED LINE haben keinerlei narrative Funktion im Sinne eines die Handlung kommentierenden Elements. Der Film öffnet mit einer aus dem Off erklingenden Stimme, die in der Forschungsliteratur zu großen Teilen fälschlicherweise Private Witt zugeordnet wird. Es ist jene Stimme, die über den gesamten Film hinweg erklingt und dabei philosophisch getönte Fragen und Aussagen über das Wesen der Natur, des Menschen, des Bösen sowie des Krieges äußert, und die tatsächlich Private Train (John Dee Smith) zuzuordnen ist. (vgl. Kamalzadeh/Pekler 2013: 172)[20] Private Train ist eine Figur, die am äußersten Rand der Narration platziert und an keinerlei entscheidenden Stel-

20 Mehrere Komponenten tragen zu dieser Falschzuschreibung bei, die nur bei genauester Analyse erkannt werden kann: So gibt es etwa sowohl eine inhaltliche Nähe der gedanklichen Äußerungen von Train und Witt als auch Ähnlichkeiten im

len der Handlung ins Geschehen involviert ist. So ist er über die gesamte Filmdauer lediglich in 4 Einstellungen zu sehen. (vgl. Abb.4) Dass seine Stimme es ist, die den Film rahmt, wird dabei zwar auch auf der visuellen Ebene angedeutet, da er sowohl zu Beginn als auch am Ende des Films auf dem Transportschiff im Gespräch zu sehen – und zu hören – ist. Bezeichnenderweise ist jedoch seine Stimme, die anhand dieser innerdiegetischen Dialoge, die sich beide Male um seinen Vater drehen, zu hören ist, nicht auf Anhieb seiner Stimme aus dem Off zuzuordnen. Denn seine sowie auch die Stimmen sämtlicher weiterer Figuren erklingen aus dem Off in einem entrückten, philosophisch anmutenden, in sich gekehrten, ruhigen Tonfall, der sich vom Klang der Stimmen innerhalb der Diegese teils stark unterscheidet. Die inneren Stimmen der Protagonisten sind so durch ein hohes Maß an Eloquenz, Reflexion oder gar philosophierender Poetik gekennzeichnet (First Sergeant Welsh (Sean Penn): "If I never meet you in this life, let me feel the lack. A glance from your eyes, and my life will be yours."; Private Bell: "How do we get to those blue hills? Love. Where does it come from?"; Private Train: „Darkness and light. Strife and love. Are they the workings of one mind?") Trotz aller Unterschiede im individuellen Klang der Stimmen von der rauen Tiefe von Lieutenant Colonel Tall (Nick Nolte) über den leisen Flüsterton von Captain Staros (Elias Koteas) hin zu der elegisch wirkenden Ruhe in Trains Stimme lässt dieser philosophierende Gestus sie als Einheit einer „personal impersonality" (Schneider 2004: 176) wirken, die den Film atmosphärisch überspannt. Angesiedelt auf einer Metaebene losgelöst von Narration und Figurenpsychologisierung stellen die Stimmen einen auditiven Wahrnehmungsraum her, innerhalb dem sich ein „komplexes Flechtwerk existenzieller und spiritueller Assoziationen" (Stiglegger 2006: 199) mit der Sinnlichkeit der Bilder verknüpft.

Es entsteht ein Klangkaleidoskop vieler Stimmen, „drift[ing] over the picture in a haze of mild indeterminacy" (Schneider 2004: 176), das zugleich den dynamischen Fluss der Erzählung diktiert. Als eine Art roter Faden werden dadurch den Film überspannende Themen (atmosphärisch) transportiert. Vor allem Trains Stimme tritt diesbezüglich als wiederkehrender Bezugspunkt hervor. Es ist diese innere Stimme, die am häufigsten

---

Akzent der Sprecher. Vor allem jedoch wird Private Train als solcher nicht als (Haupt-)Protagonist in den Film eingeführt. Seine Stimme ertönt das erste Mal, bevor überhaupt eine Figur zu sehen ist. Da als erster Protagonist im Folgenden Witt in Erscheinung tritt, scheint diese Verwechslung nachvollziehbar.

erklingt und dabei existenzielle Fragen auf einer Abstraktionsebene ansiedelt: Teils in einer Art Anrufung an ein nicht näher bestimmtes „Du“, das als spirituelle Kraft in der Natur und/oder Gott gedeutet werden kann (“Who are you who live in all these many forms? Your death that captures all. You too the source of all that is to born. Your glory, your mercy, peace, truth.”), stellt Trains Stimme das Kriegsgeschehen in weiter gefasste Bedeutungshorizonte über das Wesen der Natur, des Menschen, des Bösen und des Krieges (“This great evil. Where is it coming from? How did it steal into the world? (…) Who’s doing’ this? Who’s killin’ us? (...) Does our ruin benefit the earth? Does it help the grass to grow, the sun to shine? Is this darkness in you, too? Have you passed through this night?”). Dadurch unterlegt sie den gesamten Film einerseits mit einer spirituell, religiös und philosophisch anmutenden Stimmung. Andererseits verleiht Trains physische und visuelle Abwesenheit während des Narrationsverlaufs seiner Stimme eine gewisse Ambivalenz: Seine Stimme erscheint trotz seiner Abwesenheit als äußerst präsent und intim, ein Bewusstsein (scheinbar) außerhalb der Diegese, das jedoch tief in sie eintaucht und mit ihr verwoben ist. Es entsteht eine atmosphärische Dichte zwischen Auditivem und Visuellem, der Stimme und dem Bild, die maßgeblich durch den elegischen Tonfall von Trains Stimme hervorgerufen wird, die wie ein Bewusstsein der Bilder aus diesen heraus zu sprechen scheint.

Vor allem das letzte Drittel der Handlung zeichnet sich durch zahlreiche assoziative, verschachtelte Wechsel zwischen den Perspektiven aus. Dabei ist die erklingende Stimme nicht immer demjenigen zuzuordnen, der im Bild zu sehen ist. In jenen Szenen etwa, in denen Trains Stimme zu hören, jedoch andere Protagonisten innerhalb der Handlung agieren, findet sich eine direkte Kopplung der inneren Stimme von Train mit der visuellen Perspektive eines Anderen. In einer Rückblende, in der Erinnerungen von Bell an seine Frau (Miranda Otto) visualisiert werden, werden so gar innere Bilder des Bewusstseins von Bell mit der inneren Stimme von Train verbunden. Zudem fokussiert die Kamera teils anfänglich noch diejenige Figur, deren Stimme gerade aus dem Off ertönt, bewegt sich aber dann fort von dieser. Dies führt dazu, dass Gesichter mit Stimmen verbunden und assoziiert werden, die eigentlich der Ausdruck der Innerlichkeit einer anderen Figur sind. Fast scheint es dabei nicht so sehr „as though individualized characters were posing the questions than as if the questions spoke themselves through the voices available to them. (ebd.: 175) So werden die Stimmen teils nicht als reiner Ausdruck der Innerlichkeit einer spezifischen Person wahrgenommen, sondern als atmosphärische Sphäre, die sich im Klang der jeweiligen Stimme entfaltet. Die Stimmen bieten in diesem Kontext zudem teils eine „kontrapunktische Metaebene“ (Stiglegger 2006: 199). Momente des Kontrapunktes setzen sie vor allem, wenn die beruhigende Wirkung einer Stimme das Kriegsgeschehen in eine kontemplative Stimmung taucht, etwa wenn Bell über Liebe philosophiert, während das Kompanielager beschossen wird. So werden die Stimmen als etwas Eigenständiges, über das Bild und das Bewusstsein der einzelnen Figur hinaus Transzendierendes, Entkörperlichtes, gar etwas geisterhaft Anmutendes wahrgenommen, „[like] someone whispering into your ear.“ (Critchley 2005: 137) Es kommt Malick gerade nicht darauf an, Bild respektive Figur und Wort respektive dazu passende Stimme exakt zu synchronisieren. Durch diese Abkehr von der strikten Kohärenz zwischen Auditivem und Visuellem schafft er Raum für freiere Assoziationen, das audiovisuelle Zusammenspiel sinnlich-atmosphärisch wirken zu lassen. Der Film erzeugt durch diese Inszenierungsweise den Eindruck eines fließenden Ganzen, in dem sich Stimmen einerseits über ihren Klang sinnlich mit den Bildern verbinden, andererseits die Stimmen selbst ineinanderzufließen scheinen: „[T]heir voices sometimes seem to blend into one another, [...] the voices become one voice, one soul, 'as if all men got one big soul'“ (ebd.). In dieses Ganze fügen sich auch jene Passagen, in denen das Erklingen der Stimme eines Protagonisten mit einem Innehalten dieser Figur oder einem tranceartigen, in sich gekehrten Laufen dieser durch die Landschaft gepaart ist. Auch diese zeitlich begrenzten, eindeutig einer Figur zuzuordnenden inneren Monologe sind Teil eines „polyphonen Stimmenteppich[s]“ (Kronemeyer 2006: 340), der nur insofern strukturierend wirkt, als dass er einen sehr losen narrativen Faden bildet, den Film jedoch durch ein starkes atmosphärisches Band zusammenhält. Die Stimmen bilden eine Atmosphäre der Innerlichkeit, eine atmosphärische Mehrstimmigkeit, die vom Ausdruck größerer, die Narration überspannender Themen wie der Sinnlosigkeit des Krieges, der Brutalität des menschlichen Agierens im Kontrast mit der friedlich erscheinenden Natur sowie individueller Reflexionen über das Geschehen kündet. Insgesamt tauchen die Stimmen aus dem Off THE THIN RED LINE in eine von melancholischen Momenten durchzogene Atmosphäre kontemplativer und reflexiver Introspektion, meditativer Abschweifungen und Gedankenverlorenheit sowie tagträumerischer Entrückung.

Die inneren Stimmen von Pocahontas, Captain Smith und John Rolfe (Christian Bale) in THE NEW WORLD zeichnen sich durch ihre interrogative Form aus, die Zeichen der sich im Umbruch befindlichen, nach Erfüllung und Wahrheit suchenden Protagonisten ist. Vor allem die Anrufungen von Pocahontas an eine höhere Macht, die sie als „Mother“ bezeichnet, verleihen dem Film eine spirituelle Atmosphäre, die eng gekoppelt ist mit der sinnlichen Naturerfahrung. (vgl. Schmitt 2009: 165) Als Ausdruck einer mystischen Naturverbundenheit vereint sich ihre Stimme mit Naturimpressionen („Mother, where do you live? In the sky? The clouds? The sea? Show me your face.“) ebenso wie mit Bildern von Smith („We rise... we rise. Afraid of myself. A god, he seems to me. What else is life but being near you?“) Dass in diesen Monologen teils „[d]ie Natur […] mit dem Geliebten [verschmilzt]“ (ebd.: 166), verdeutlicht die Rolle der inneren Stimme als Verdichtung, Verknüpfung und Verankerung der visuellen Eindrücke innerhalb eines inneren Gedankenstroms, der die Bilder über das atmosphärisch Hauchende des Stimmklangs zu einer Einheit verbindet. Vereinzelt ertönen die inneren Stimmen aus dem Off in The New World im Wechsel mit Stimmen aus der Diegese. Die inneren Stimmen von Pocahontas und Smith wirken dabei teils so, als führten sie ein Zwiegespräch miteinander, während die im Bild gezeigten Protagonisten schweigen. Dadurch entsteht eine akustische Sphäre der Intimität, zu der nur die beiden und der Zuschauer Zugang zu haben scheinen. Die Innerlichkeit der Stimmen entfaltet sich in einem atmosphärischen Wahrnehmungsraum, in dem sich Fragen nach der starren Trennung von Figurenperspektiven auflösen und sich stattdessen ein Zusammenklingen der Stimmen entfaltet.

Der oftmals hauchende, flüsternde Ton der Stimmen von Jack und seiner Mutter (Jessica Chastain) in The Tree of Life verleiht den Szenen, die sie begleiten, eine mystische, meditative, schattenhafte, nebulös getönte Stimmung, die wie eine Art Gebet oder Anrufung anmutet. Ein prägnantes Beispiel findet sich in Jacks Vorwurf an Gott – der zwar nie direkt als „Gott“ angesprochen, jedoch aufgrund des christlichen Glaubens der Familie als dieser gedeutet werden kann –, einen Jungen tatenlos sterben gelassen zu haben („Where were You? You let a boy die. You let anything happen. Why should I be good? When You aren't.“). Der schwebende, andeutungshafte Klang des Hauches legt sich über die Bilder und wird zum Ausdruck eines leisen inneren Gefühls des Zorns und Zweifels. Auch Jacks Reflexionen über seinen Vater erklingen in ihrem Flüsterton in einer Sphäre der Heimlichkeit zwischen Zuschauer und Figur. Doch in The Tree of Life ertönen Stimmen auch aus einem jenseitigen Kosmos: Das innerhalb einer Imagination des erwachsenen Jack zu Beginn des Films zu hörende „Find me.“ des in der Ferne am Strande stehenden, später verstorbenen Bruders zeugt ebenso wie das Erklingen der Stimme von Mrs O'Brien während der Sequenz der Entstehung des Universums von einem Herauslösen der Stimmen aus dem eigentlichen Handlungszeitraum. Dies verleiht den Stimmen die Atmosphäre einer kosmischen Dimension, die Rolle einer Art „mythic narrator witnessing a shared or collective experience transcending the particularities of psychology, place, or history." (Sinnerbrink 2012 a: 106)

Auch die Stimme von Marina aus To the Wonder erklingt oftmals in einem Flüsterton. Dieses Flüstern gleicht etwas Schwebendem, etwas nicht Greifbarem, etwas Durchlässigem, das an einen Dunst, einen Hauch, ein Gas erinnert, an etwas Fragmentiertes, Lückenhaftes, „eine innere Stimme, die immer wieder innehält, als ob sie nach den richtigen Worten suchen müsste." (Kamalzadeh Pekler 2013: 189) In diesem Film herrscht Sprachlosigkeit zwischen den Protagonisten. Kommunikation findet nur nach innen gekehrt statt, als isoliertes Gespräch mit sich selbst, sinnierend über die Gefühle dem anderen gegenüber, das ausdrückend, was das tatsächlich ausgesprochene Wort nicht vermitteln könnte (Marina: „J'écris sur l'eau ce que je n'ose pas dire." / „I write on water what I dare not say."). Diese Kehrung ins Innere mittels der Voice-Over fungiert neben den ekstatischen inneren Reflexionen über ihre Gefühle der Liebe zueinander ebenso als ein Zeichen der Weltentfremdung (Marina: „Le monde si loin. Un fantôme." / „The world so far away. A ghost."). Ähnlich wie Holly aus Badlands („The world was like a faraway planet to which I could never return.") oder dem tranceartig entrückt schweigenden Rick (Christian Bale) in Knight of Cups wirft die Atmosphäre der Innerlichkeit den Zuschauer auf die Geschlossenheit des Inneren der Protagonisten zurück, die dadurch der filmischen Welt um sie herum entwurzelt erscheinen. Wurde Trains Stimme aus The Thin Red Line als atmosphärische Dichte stiftend beschrieben, da sein Bewusstsein, (scheinbar) außerhalb der Diegese, tief in diese Diegese eintaucht und mit ihr verwoben ist, will sich eine derartige Dichte und Verknüpfung zwischen filmischer Umgebung und Protagonist in To the Wonder und auch in Knight of Cups nicht einstellen.

Bei Knight of Cups liegt dies vor allem in Folgendem begründet:

Noch mehr als die mythischen Erzählungen von Linda in Days of Heaven wird Knight of Cups von zwei Erzählungen atmosphärisch gerahmt. Eine extradiegetische Erzählerstimme (Ben Kingsley) zitiert über den Film verteilt aus der Geschichte des christlichen Erbauungsromans *The Pilgrim's Progress from This World to That Which Is to Come* von John Bunyan. Ebenso verbindet sich der Filmtitel, Ritter der Kelche, mit der Stimme von Ricks Vater Joseph (Brian Dennehy), der aus dem Off die Geschichte der Pilgerreise eines Prinzen erzählt, der auf der Suche nach einer Perle aus einem Kelch trinkt, der ihm seine Erinnerung raubt und ihn in Schlaf versinken lässt. Das Motiv des Traumes erscheint hierbei sowohl in der Pilgergeschichte des Prinzen als auch in der Erzählung aus *The Pilgrim's Progress* (Erzählerstimme: „The Pilgrim's Progress. (...) Delivered Under the Similitude of a Dream."). So öffnet der Film auch mit einer traumähnlichen Sequenz mit Bildern von Polarlichtern und der Erdatmosphäre im Kosmos. So mutet der Film wie eine mythische Geschichte an, in der die Protagonisten innerhalb eines träumerischen Wanderns eingeschlossen scheinen. Dass die extradiegetische Erzählerstimme, teils verstärkt durch einen akustischen Hall, wie aus einem Jenseits, einem Niemandsland ertönt, setzt auch die Off-Stimmen der innerhalb der Diegese verankerten Protagonisten in den Kontext einer mythischen Erzählung. Wie über der Narration schwebend hört man dabei einzelne Stimmen, bevor die Personen, denen diese Stimmen zuzuordnen sind, innerhalb der Narration eingeführt werden. Die Atmosphäre der Innerlichkeit ist hier zwecks des ästhetischen sowie semantischen Einsatzes der Stimmen gebrochen: Die Stimmen bilden eine über der Narration schwebende, teils bedeutungsstiftende Sphäre. Sie sind deutlicher als in Malicks vorherigen Filmen auf einer Metabene anzusiedeln, in der ihr Inhalt als Teil der den Film umfassenden Allegorien des Traumes, der Pilgerreise und der Sinnsuche zu deuten ist.[21] Weil sie so in den Dienst einer Bedeutungsebene der Geschichte gestellt werden, kommt es nicht zu einer atmosphärischen Dichte im Sinne einer tiefen Verwobenheit der Stimmen mit Handlung oder dem Innenleben der Protagonisten. Eher bilden die Stimmen eine eigene atmosphärische Ebene des Mythischen und Sagenumwobenen, die einen interpretatorischen Mehrwert herstellt.

---

21 Vor allem die Stimme von Ricks Vater Joseph zieht direkte Verbindungen zwischen Rick und dem Pilger (Joseph: „My son, you are just like I am. (...) A pilgrim on this earth. A stranger."). Ebenso finden sich zahlreiche Anknüpfungen an die Motive des Pilgerns und Träumens in den Stimmen anderer Charaktere (Helen (Freida Pinto): „I travel. A wanderer. A stranger. Like you."; Karen (Teresa Palmer): „Real life's so hard to find. Where is it? (…) No one cares about reality anymore."; Rick: „Then I fell back asleep. Sing for me. Dream another dream.").

4.1.2 Filmische Inszenierung

4.1.2.1 Poetik der Kameragestaltung

Die Kameragestaltung in Malicks Filmen wird nicht selten mit dem Attribut „poetisch“ beschrieben. Dies rührt vor allem daher, dass die Kamera und die Bilder, die sie einfängt, nicht vorrangig dramaturgischen Entwicklungen untergeordnet sind, sondern vielmehr die Visualität der Einstellungen in den Fokus rücken. Im Laufe von Malicks Karriere lassen sich dabei einige wiederkehrende Bildmotive erkennen, die im Sinne von filmstilistisch-atmosphärischen Codes seine Filme durchziehen. (vgl. Abb.5-8) Dabei wirken die Einstellungen oft wie Blicke einer äußerst lebendig erscheinenden Kamera, die die Essenz der Augenblicke, Assoziationen und Eindrücke einfangen will. Seien es Einstellungen von Naturphänomenen und -texturen wie dem Blätterdach eines Baumes, einem Grashalm oder der Weite des Himmels einer Abenddämmerung: In der Visualität der Bilder aller Filme von Terrence Malick entfalten sich sehr sinnliche Eindrücke, die vor allem über zahlreiche Großaufnahmen eine große Nähe zu Texturen und Oberflächen, sei es ein Regentropfen auf einem Blatt, die glatte Wasseroberfläche eines Flusses oder die Haut eines Menschen, vermitteln. Die Nähe der Kamera zu den Protagonisten entwirft hierbei eine Atmosphäre der Intimität und Sinnlichkeit. Die Nähe zur Natur hingegen kann als „the camera's sensuous relationship to the landscape“ (Rybin 2012: 6) beschrieben werden, bei der die sinnlich-atmosphärische Wirkung der Landschaft und nicht eine hintergrundartige Funktionalisierung als die Narration begleitendes Setting im Fokus steht.

Dabei haftet den Bildkompositionen und Kamerabewegungen etwas Deskriptives an, das neben der eigentlichen Narration den Filmen eine zusätzliche Ebene einer eigenen visuellen Sprache und künstlerischen Ausdruckskraft verleiht. Gleich einem Pinsel entwirft die Kamera in flüssigen Bewegungen bildgestalterische Kompositionen, die aufgrund der hohen Dynamik der Bewegungen weniger geplant und arrangiert als vielmehr wie spontan festgehaltene Momente anmuten. Die Kameragestaltung schafft mit den Bildern, die sie einfängt und den Bewegungen, mit denen sie die filmische Welt durchdringt, eine ständige dynamische Relation zwischen Nähe und Distanz, fließender Bewegung und ruckartigem Richtungswechsel, entschleunigter Ruhe und erregender Vitalität und Agilität. Die Komposition der Einstellungen gibt Raum und Zeit, atmosphärische Eindrücke in ihrer rein visuellen Expressivität wirken zu lassen. Man könnte Malicks Schnitte zu vor allem Naturimpressionen, die vom eigentlich narrativen Geschehen „abdriften“, als „deflective“ beschreiben, als ablenkend, abbiegend. (vgl. Carruthers 2016: 127) Dabei kann durchaus von visuell stilisierten, ästhetisierten Bildern gesprochen werden, die vor allem Stimmungen in der Natur sowie Lichtstimmungen einfangen. (vgl. 4.1.2.2.6)

Bezüglich der Dynamik der Kamerabewegungen muss ein deutlicher Unterschied zwischen Malicks Frühwerken und den Filmen aus der Schaffensphase ab THE THIN RED LINE betont werden. BADLANDS, und teils auch DAYS OF HEAVEN, werden im Vergleich zu den späteren Filmen von vermehrt statischen, langen Einstellungen durchzogen, die über zahlreiche Totalen die enormen Weiten der Settings der Prärien der BADLANDS sowie der Erntefelder in Texas räumlich spürbar machen. Diese Einstellungen dienen dazu, ganzheitliche Naturstimmungen einzufangen, die vor allem über die Himmelspanoramen als Stimmungen der Melancholie und des Besinnlichen wirksam werden.

Ab THE THIN RED LINE hingegen verwendet Malick ausschließlich Handkameras in seinen Filmen, die eine ganz eigene Bewegungsästhetik ausbilden und zu einem starken dynamisierenden Element seiner Filme avancieren. Die Kameragestaltung in THE THIN RED LINE wird dabei atmosphärisch wirksam, weil sie eine große Vitalität ausstrahlt, indem sie den filmischen Raum in mäandernden Bewegungen durchdringt, dabei immer nah bei den Protagonisten ist oder wie ein nach Assoziationen und Eindrücken suchender, abschweifender Blick Ausschau hält und dabei (Natur-)Impressionen der Umgebung einfängt. Dabei schafft sie den Eindruck einer Spontaneität und Flüssigkeit der Bewegungen, aus denen eine große Dynamik der Bildgestaltung folgt, „die sich wiederholt vom Schauplatz des Geschehens entfernt, scheinbaren Nebensächlichkeiten nachspürt oder sich in Großaufnahmen der Natur verliert.“ (Kamalzadeh/Pekler 2013: 174) Die Kamera erforscht die filmische Welt und versprüht eine gewisse Natürlichkeit in ihren Bewegungen. Ihr haftet etwas Organisches, Lebendiges, gar neugierig Anmutendes an. Auf diese Weise entsteht eine Unmittelbarkeit der Eindrücke sowie eine große Nähe zum Geschehen. Trotz der teils selbst auf sich aufmerksam machenden Bewegungen der Kamera kommt hierbei kaum der Eindruck einer inszenierten Bewegung auf. In den Sequenzen, die den Ansturm auf die durch die Japaner besetzte Hügelanhöhe zeigen, wirkt die Kamera wie ein Lebewesen, das sich hinter, neben, vor den Soldaten selbst durch das Dickicht der Gräser bahnen muss. Vereinzelt werden Grashalme sichtbar, die durch die Bewegung der Kamera abgeknickt werden. So entsteht ein Gefühl eines direkten Eintauchens in das Geschehen und die Landschaft. Auch in der Szene der Stürmung des Lagers der Japaner agiert die Kamera wie an die Fersen der Protagonisten geheftet, umkreist sie, „bewegt sich wie ein Teil der Gruppe mit, was dem Film große Dichte verleiht." (Kronemeyer 2006: 345) Auf Establishing Shots, die einen Überblick über den filmischen Schauplatz geben, wird in dieser Sequenz, wie oftmals in Filmen von Malick, verzichtet, sodass die Kamera vielmehr die Umgebung mitsamt den Figuren und dem Zuschauer abtasten, absuchen und erkunden muss. Schwenkende Bewegungen muten an wie Blicke eines wegen seiner Beweglichkeit und Spontaneität anthropomorph anmutenden Kameraauges, das angesichts der Brutalität der Situation wegblicken oder an anderer Stelle in der Schönheit der Natur verweilen will.

Auch die „scheinbar schwerelos schwebende Kamera" (Elsaesser/Hagener 2008: 145) in THE NEW WORLD, von schnellen Kamerafahrten über Flüsse bis hin zu zahlreichen be- und entschleunigenden Bewegungen den Gesten und Regungen von Figuren folgend, mutet wie eine Art wandernde Kamera an, die in ihren Bewegungen eine Sensibilität für das visuelle Einfangen der Lebhaftigkeit der Menschen sowie der Lebendigkeit der natürlichen Umgebung an sich ausdrückt.

In diesen sehr dynamischen Bewegungen der Kamera bei Malick liegt ein hohes atmosphärisches Potential: Durch die unablässige Beweglichkeit der Handkameras entstehen gleitend erscheinende Bewegungsanmutungen, die der Kamera Raum bieten, von Figuren und Handlung abzuschweifen und einem eigenen Akteur ähnlich die filmische Welt selbst zu erschließen und visuell einzufangen. Es wirkt gar, als ob die nie stillstehende Kamera sich spontan im Jetzt eines Augenblicks aussucht, was sie zeigen, wo sie näher heranfahren, von wem sie Abstand nehmen will. Die schwebende, eigenständige Präsenz der Kamera wirkt dabei in ihren Bewegungen atmosphärisch dicht, weil sie vor allem eine Dichte herstellt zwischen Zuschauer und Gezeigtem, der unmittelbar in das Geschehen hineingeworfen und hineingesogen wird. Steven Rybin spricht in diesem Zusammenhang von einer großen Autonomie der Kamera, die weder an die Figurenperspektiven noch an jene des Zuschauers gebunden sei und so eine eigene, spezifisch filmische Perspektive und Wahrnehmung ausbilde. (vgl. Rybin 2012: 6 f.) Angelehnt an Vivian Sobchacks Theorie des Filmleibes sei so die Kameraperspektive mit ihren „shots free of narrative articulation and character psychology" (ebd.: 6) Ausdruck einer gewissen „subjective vision, a non-human (albeit human-enabled) being-in-theworld that is not determined by (even as it includes) its characters." (ebd.: 5) Folgt man diesen Ausführungen, zeigen sich in Malicks Filmen eigene Wahrnehmungsverläufe der Filmkamera in ihrer scheinbar grenzenlosen Beweglichkeit. Ob man nun die Kamera als Teil eines „Filmleibes" betrachten möchte oder nicht: Entscheidend für die atmosphärische Wirkung ist in dieser Hinsicht, dass sich ein aufgrund der sehr freien, natürlich anmutenden Kamerabewegungen entstehendes Gefühl einer „hovering presence [of the camera], [with] the lens as spirit" (Busk 2013: 584) einstellt. Weder an Figurenperspektiven gebunden noch darauf ausgerichtet, dem Zuschauer eine räumlich und/oder zeitlich orientierende Perspektive zu verschaffen, erscheinen die Kamerabewegungen „too liquid for any machine, and too gravity-free to be human-operated." (ebd.) Diese von Lebhaftigkeit geprägte Kameraarbeit wird in ihren Bewegungen eher mit Naturphänomenen wie dem Wind als mit apparativen oder menschlichen Bewegungen assoziiert. (vgl. Carruthers 2016: 127) Gleich wogenden Richtungsänderungen des Windes, die sich in ständigem Wandel von Intensität und Schwungkraft der Windstärke befinden, oder gar fallenden und steigenden Bewegungen einer Welle gleitet die Kamera durch die filmischen Räume. Die Kamera entwickelt so ein organisch anmutendes Eigenleben, eine schwerelos gleitende Präsenz mit einer teils „fluttery, birdlike quality" (Busk 2013: 584). Besonders deutlich wird dies in der dynamisch sich entwickelnden Nähe der Kamera zu den Protagonisten: Ein ständiges Annähern und sich wieder Entfernen, „innert Sekunden von unmittelbarster Nähe zu radikaler Distanz wechselnd" (Egger 2011: o.S.), wird in schwungvollen, teils plötzlich in ihrer Dynamik und Schnelligkeit sich steigernden Kameraschwenks, -drehungen und -fahrten inszeniert. Scheinbar intuitiv bewegt sich die Kamera dabei analog zu den Bewegungen der Menschen oder etwa jenen eines Schmetterlings und folgt dabei körperlichen Regungen der Protagonisten, als ob sie sich diese einverleiben wolle, diese selbst spüre. Dieser daraus entstehende „sense of drive and buoyancy" (Carruthers 2016: 133) findet sich ebenso in oftmals kreisenden Bewegungen um die Charaktere herum. Ein „Verfolgen" der Protagonisten von hinten vermittelt den Eindruck, als ginge die Kamera ein paar Schritte des Weges mit, bevor sie sich in einem anderen Anblick verliert, oder als sei sie ein stiller Wegbegleiter, der die Eindrücke über die Schultern hinweg einfängt.

Unzählige Nahaufnahmen der Gesichter durchziehen Malicks Filme, was eine große Nähe zu den Figuren vermittelt. Dabei können die Protagonisten durchaus als Zentrum vieler Einstellungen gesehen werden, jedoch ist teils eine Art Wegdriften der Kamera vom diesem Zentrum des Bildes zu beobachten, etwa eine flüchtige Bewegung vom Gesicht weg zum Oberkörper, zu einer Hand, von den Figuren weg zum Wasser eines Flusses. Protagonisten werden ebenso durch die hohe Agilität der Kamera am Rand des Bildquaders positioniert.

Hinsichtlich der Auflösung von Szenen finden sich in Malicks Filmen nur äußerst selten Blickmontagen oder Schuss-Gegenschuss Einstellungen. Zudem gibt es kaum klassische Einteilungen in und Übergänge von starren Einstellungen der Totalen hin zur Halbtotalen, Nahen etc., die sukzessive erst Schauplatz und mise-en-scène einführen, bevor sie sich den Figuren von Einstellung zu Einstellung nähern. Die Kamera in THE TREE OF LIFE etwa „wirft" den Zuschauer durch ihre unaufhörlichen Bewegungen vielmehr in die Szenerien hinein, Nähe und Distanz zwischen den Figuren und der Kamera sind dabei einer ständigen Dynamik unterzogen. Durch Veränderung der Einstellungsgrößen werden dabei einzelne Details akzentuiert. So werden etwa Körperteile wie Hände und Füße fokussiert, dabei teils jedoch nur flüchtig ins Bild gesetzt oder innerhalb der Bildkadrage nur angeschnitten. Dieses unaufhörliche Changieren zwischen Nähe und Distanz sowie der teils von den Figuren wegdriftende Gestus der Kamera, der sie an die Ränder des Bildes verfrachtet oder gänzlich aus dem Fokus schiebt, bewirkt aufgrund dieser Bewegungsanmutungen Atmosphären des Flüchtigen, Beiläufigen, des Schwungvollen, des unruhigen und suchenden Erforschens der Umgebung und kleiner Details.

Es wechseln sich dabei stets Passagen voll ruhiger, gleichmäßiger Kamerabewegungen mit dynamischeren Einheiten ab. In TO THE WONDER etwa ist die zweite Hälfte des Films durch deutlich weniger Kamerabewegung gekennzeichnet. Dies unterstützt eine Atmosphäre der Entfremdung, Leere und des Apathischen. In KNIGHT OF CUPS finden sich wiederkehrende gleitende Bewegungen der Kamera in die Tiefe der Szenerie der Wüste hinein, die als kontemplative Momente des Ruhens kontrapunktisch eingesetzt werden gegenüber den Atmosphären von Eskapismus, Ekstase und Rausch, die mittels rastloser Bewegungen, schiefer Winkel und verzerrter Objektive evoziert werden.

Durch die hohe Beweglichkeit der Kamera in Malicks Filmen entsteht insgesamt nie der Eindruck, dass der filmische Raum um die Figuren herum arrangiert sei. Vielmehr zeigt sich in Kameraperspektiven wie Untersichten, Aufsichten oder schrägen Bildeinstellungen eine eigenständige visuelle Ästhetik der Kameragestaltung, die eine atmosphärische Raumerfahrung für den Zuschauer bietet. Am Beispiel der Bürosequenz zu Beginn von THE TREE OF LIFE wird deutlich, dass sowohl Kamerabewegung als auch -einstellungen als Teil der Schaffung einer klaustrophobischen, einengenden Atmosphäre des Stillstands fungieren:

Die Protagonisten werden teils in leichter Verzerrung und Krümmung der äußeren Bildränder durch ein Fischaugenobjektiv in Szene gesetzt. Eingerahmt in statische Linien von Fenstern und Türen, teils selbst nicht komplett im Bild, wirken die Protagonisten in Kontrast zu der beweglichen Kamera und dem ständigen Wechsel der Einstellungsgrößen wie leblose Akteure, die eingefangen sind in den Bildquadern. Teils inszeniert in extremen Untersichten, bewegt sich die Kamera zahlreiche Male von Jack und den Büroräumen weg hin zum Dach des Gebäudes, hinter dessen Glasfassaden der Himmel zu erkennen ist. Als wolle sie ausbrechen aus der Starrheit des Gebäudes, stellen diese Schwenks die einzig vertikale Bewegungsrichtung dar, die Protagonisten selbst sind starr oder bewegen sich auf der Horizontalen. Trotz der Helligkeit der oftmals lichtdurchfluteten und eigentlich weitläufigen Räume stellt sich durch die Kamerainszenierung eine Atmosphäre der Beengung ein, innerhalb derer die Kamera als eine Art sich ständig bewegender, suchender Blick ins Freie selbst eingeschlossen scheint. Zwischenschnitte zu Erinnerungsfragmenten von Jack, die sich sämtlich um das Motiv des Wassers drehen, weisen das Flüssige, Fließende als Gegensatz zu den starren Formen des Gebäudes aus und verstärken den Eindruck der Unbeweglichkeit und Starre.

Eine ganz andere atmosphärische Wirkung der Kameraeinstellungen und -bewegungen findet sich teils in TO THE WONDER. Die visuelle Inszenierung sticht in diesem Film vor allem durch die Fragmentierung und Dezentrierung der gezeigten Körper der Protagonisten innerhalb des Bildes hervor. Damit ist gemeint, dass die Protagonisten seltenst von Kopf bis Fuß im Bild zu sehen sind. Stattdessen werden einzelne Körperteile fokussiert, Charaktere oder Körperteile am Rand des Bildquaders positioniert und/oder Gesichter und Körper nur angeschnitten, oftmals in einer gleitenden Bewegung der Kamera, die den Fokus des Bildes weg von den Akteuren lenkt. (vgl. Abb.9) Durch diese visuelle Inszenierung wird sowohl eine Atmosphäre großer intimer Nähe zu den Protagonisten entfaltet als auch eine Flüchtigkeit und Spontaneität der Einstellungen vermittelt, die eine luftig-leichte atmosphärische Wirkung zur Folge hat.

Sehr auffällig diesbezüglich ist jene Szene, in der Jane (Rachel McAdams) und Neil in der Abendsonne der Kraft ihrer Gefühle füreinander durch Bewegungen ihrer Körper Ausdruck verleihen.[22] Die Kamera schwenkt in abrupter Bewegung von den beiden zum raschelnden Gras, gleitet zum Himmel, gleitet auf sie zu und wieder schnell von ihnen fort. Sie bewegt sich durch die Gräser, wie aus der Perspektive eines Tieres oder der Gräser selbst und scheint im Versuch begriffen, die beiden selbst in ihrer ständigen Bewegung einfangen zu wollen. Die unteren Körperhälften werden fokussiert, rennende Beine sind kompletter im Bild als die Gesichter, die stark angeschnitten werden oder gar ganz aus dem Blickfeld der Kamera herausfallen. Durch dieses ständige Gegeneinander von Bewegungsrichtungen und dem sich unaufhörlich verändernden Bildfokus entsteht eine dynamische, teils desorientierende Raumwahrnehmung, die eine Atmosphäre der Ekstase entstehen lässt. Die Fokussierung der körperlichen statt der mimischen Regungen mittels dem Herauslösen der Gesichter aus dem Bildzentrum führt zu einer Art Entpersonalisierung der Figuren, die als Ausdruck für den universellen Charakter der erregten Euphorie des weitenden, beweglichen Gefühls der Liebe gedeutet werden kann. Dass Köpfe und Körper oftmals von hinten inszeniert werden und die Gesichter von der Kamera abgewandt sind, verleiht dem Film eine weitere entindividualisierte Tönung. (vgl. Abb.10) Dies hat zwar eine distanzierende Wirkung. Jedoch wird die Kamera dabei ebenso als stiller Beobachter funktionalisiert und die Blicke der Protagonisten in die Weiten der Umgebung gelenkt, sodass die sinnliche Erfahrung der Umgebung nicht nur für die Kamera an sich, sondern auch für die Figuren von Bedeutung ist.

4.1.2.2 Mit allen Sinnen

In den folgenden Kapiteln sollen die atmosphärischen Wirkungen einzelner filmstilistischer Gestaltungsmittel in Malicks Filmen, die das synästhetische Gesamterlebnis einer filmischen Atmosphäre ausmachen, vorgestellt werden. In einigen Kapiteln wird dabei auf spezifische somatisch-räumliche sowie haptische Dimensionen der (atmosphärischen) Filmerfahrung Bezug genommen, deren theoretische Verankerung in der Filmphänomenologie im Folgenden kurz noch einmal skizziert werden soll.

---

22 Timecode: 00:49:19-00:50:22.

Innerhalb der bereits angesprochenen leibgebundenen, verkörperten Filmwahrnehmung nach Vivian Sobchack empfindet der Filmzuschauer seinen eigenen Körper selbst in der Filmerfahrung: „Ich kann über den Film nur etwas wissen, wenn ich seinen Körper nicht nur von außen betrachte, sondern ihn über meinen eigenen Körper verstehe." (Zechner 2013: 47) „Die Verknüpfung von Körper und Kino zielt hier[bei] [...] auf ein gesteigertes sinnliches Erleben" (Morsch 2011: 73) ab, auf "[a] sensual experience of the cinema [...] [through] a body that makes meaning before it makes conscious, reflective thought." (Sobchack 2000: o.S.) Die phänomenologische Filmtheorie ist der Auffassung, dass Filme dabei nicht nur durch die visuellen und auditiven Sinne, sondern durch sämtliche Sinne des Körpers wahrgenommen und verstanden werden: „Our embodied experience of the movies, then, is an experience of seeing, hearing, touching, moving, tasting, smelling[.]" (ebd.) Filme können nach Sobchacks Vorstellung demnach auch haptische, olfaktorische und gustatorische Sinne ansprechen. Auch wenn Sobchack einräumt, dass die in einem Film dargestellten Texturen, Oberflächen, Düfte und Lebensmittel nicht wortwörtlich berührt, gerochen oder geschmeckt werden können, ist sie der Auffassung, „[that] I still have a partially fulfilled sensory experience of these things that make them both intelligible to and meaningful for me." (ebd.) Das sinnliche Erfassen dieser Eindrücke werde innerhalb einer gewissen Rückkopplung zwischen Leinwand und Zuschauer reflexartig auf den eigenen Leib übertragen und von diesem vollzogen. (vgl. ebd.) Sie spricht dabei vom Zuschauer als einem "cinesthetic subject", einem Leib, der fähig zu einer synästhetischen Sinneswahrnehmung ist, bei der ähnlich zur Erfahrung, ein Rezept bereits beim Lesen zu schmecken, beim Schauen eines Films ein spezifischer Sinn einen anderen anregen kann, "[like] a clove of garlic sliced so intently you can practically inhale its ornery perfume in Scorsese's *GoodFellas* [1990]." (ebd.)

In den Ausführungen zu ihrer sinnlichen Erfahrung einer Szene aus THE PIANO (DAS PIANO, NZL/AUS 1993) über ihre eigenen Finger veranschaulicht Sobchack eine taktil-somatische Filmerfahrung, bei der "[the] tactile sense of being in the world *through my fingers* grasped the image's sense in a way that my forestalled or "baffled" vision could not." (ebd.) Vor visuellem oder reflexiv-kognitivem Verstehen des Abgebildeten erfassen und verstehen Sobchacks eigene Finger über ihre somatisch-sinnliche Wahrnehmung den Blick durch die Finger einer Hand in besagter Szene. Bei Berührungen von Haut auf Haut auf der Leinwand sei indes aufgrund einer gewissen Ambivalenz und Diffusität nicht genau zu bestimmen, welche Haut man als Zuschauer dabei wahrnehme, seine eigene oder jene der berührenden oder der berührten Figur. (vgl. ebd.)

Da Atmosphären allgemein als sinnlich-synästhetische Wahrnehmungsphänomene charakterisiert sind, bietet es sich im Kontext der sinnlichen Wahrnehmung und Wirkung filmischer Atmosphären an, auf diesen Ansatz eines sinnlichen Erfahrens der filmischen Welt von Sobchack zurückzugreifen. So formuliert auch Sobchack selbst als Beispiel, dass in einer solch somatisch-sinnlichen Filmerfahrung die Möglichkeit liege,

> to feel a visual atmosphere envelop us, to experience weight and suffocation and the need for air, to take flight in kinetic exhilaration and freedom even as we are relatively bound to our seats[.] (ebd.)

In diesen Formulierungen spricht sie zusätzlich eine ganzheitlich körperlich-räumlich affizierende filmische Erfahrung an, wenn sie von der Erfahrung von Schwere und Schwerelosigkeit, Erstickung oder einem Freiheitsgefühl spricht. Dergestaltige somatische Filmerfahrungen werden im Folgenden vor allem im Kontext der atmosphärischen Wirkungen des Settings und der auditiven Gestaltung in Malicks Filmen herausgearbeitet werden.

Um taktile oder haptische Sinne filmisch erfahrbar zu machen, werden neben dem taktilen Erfühlen der filmischen Welt durch die Protagonisten selbst vor allem Texturen und Materialien in Nahaufnahmen in Szene gesetzt. Derart "haptisch aufgeladene[] Oberflächen" (Elsaesser/Hagener 2008: 158) verlagern die Aufmerksamkeit von der Repräsentation des gezeigten Gegenstandes zur haptisch erfahrbaren Oberflächenbeschaffenheit. Inwieweit sich bei Malick ein solches vor allem tastendes Begreifen und Erfassen filmischer Atmosphären verwirklicht, wird im Kapitel der *Sinnlichkeit und Berührung* am Beispiel von The New World veranschaulicht werden.

4.1.2.2.1 Sinnlichkeit und Berührung – Interaktion der Figuren

Im Kontext des Aufeinandertreffens der Siedler mit der indigenen Bevölkerung wird das Thema der Begegnung mit dem Fremden und Unbekannten in äußerst sinnlichen Bildern ausgestaltet, die das haptische Empfinden stark in den Vordergrund rücken. (vgl. Elsaesser/Hagener 2008: 145)

Die Sprachbarriere zwischen den Protagonisten ist der atmosphärischen Ausgestaltung zuträglich, da das visuelle und das sinnlich-haptische Moment die Kommunikation zwischen den Figuren in einer äußerst körperbetonten Interaktion bestimmen. Ihrer Sprechstimme (vorerst) beraubt, müssen die Welt und der Körper des Anderen durch Blicke und vor allem Berührungen erforscht werden. Dabei entsteht der Eindruck, dass die gesprochene Sprache nicht in der Lage ist, das auszudrücken, was emotional und atmosphärisch durch die Körpersprache und die gegenseitige Berührung wiedergegeben wird. Auch über Gerüche wird versucht, sich dem Anderen zu nähern. Vor allem anderen jedoch ist es die haptische Wahrnehmung durch Hände, das aktive Ergreifen und Begreifen der Umgebung, durch die der Film das sinnliche Erleben der Figuren inszeniert. Einstellungen von Händen in Großaufnahmen durchziehen den Film: Hände, die Haut berühren sowie Texturen und Oberflächen erfühlen, seien es die Rinde eines Baumes, Gräser, Schlamm, Erde, Wasser, Kleidungstextilien oder der Einschlag eines Buches. (Vgl. Abb.11) Auch der eigene Körper wird erfühlt, wenn etwa Pocahontas sich das eigene Gesicht mit Asche überdeckt. Der Tastsinn fungiert als Zugang zur Welt vor allem über die sinnliche Sensibilität der Haut. Die Haut fungiert als Wahrnehmungsorgan, das stets das Innere, Eigene, das Selbst in eine Relation und in einen Übergang zum Außen, zur Welt, zum Anderen setzt. (vgl. Elsaesser/Hagener 2008: 147) So werden die Annäherungen und Berührungen zwischen Smith und Pocahontas während der Zeit ihrer aufkeimenden Zuneigung als zutiefst sensuelle Erfahrung des Anderen inszeniert. Die Protagonistin, die lediglich im Abspann als Pocahontas identifiziert wird, ist zu dieser Zeit des Kennenlernens noch namenlos. Dadurch wird sie sinnlich in ihrem Wesen erfahrbar und nicht durch einen Namen, ein Wort charakterisiert. Eine besondere Sinnlichkeit liegt in dem Ausbleiben der codierten, konventionalisierten Darstellung der Liebe über die Berührung mittels eines Kusses begründet. Küsse zwischen Smith und Pocahontas sind nur andeutungsweise und/ oder hinter Haaren versteckt zu sehen. Es sind andere Teile der Körper, die berührt werden, Arme, Brust, Kopf und Füße. Sobald Pocahontas sich am Ende des Films als Rebecca in die englische Gesellschaft und Kultur eingegliedert hat, ist zum ersten Mal diese konventionalisierte Darstellung der Zuneigung durch einen Kuss zwischen ihr und Rolfe deutlich in Szene gesetzt. D.h. die nicht konventionelle, umfassendere sinnliche Wahrnehmung des Anderen ist sehr stark mit dem Umfeld der Natur des Waldes verbunden, in dem sie Smith kennenlernt. Des Weiteren wird in jenen Momenten, in denen die Berührung verweigert wird, deutlich, dass dieses sinnliche Verhältnis zum Anderen gestört, der Übergang unterbrochen ist. Die „Sprache" der Berührungen geht Smith und Pocahontas in jenen Momenten verloren, in denen sie vorrangig durch gesprochene Sprache kommunizieren.

Der Film bietet so einen enormen Raum für eine Vielzahl an Momenten sinnlicher Wahrnehmung, haptischer und taktiler Erfahrungen vor allem des Raums der Natur sowie körperlicher (Re-)Aktionen. (vgl. Schmitt 2009: 158 f.) Bei dieser „Evokation sinnlich-taktiler Momente" (ebd.: 165) zeigt sich zudem eine „Dialektik von [...] Optik und Haptik, von (distanzierter) Geste und (unmittelbarer) Berührung." (ebd.: 172) Denn neben direkten Berührungen werden die Hände der Protagonisten, allen voran jene von Pocahontas, mittels Gesten in Szene gesetzt. Die Körpersprache der Gesten, als zugleich sinnliche und zeichenhafte Dimension eines Verständigungsaktes, kann neben dem Inszenieren von Berührungen und Texturen als dritte Form taktiler Filmbilder gesehen werden. In der Geste liegt eine Kreuzung sinnlich wahrnehmbaren körperlichen Agierens mit der teils ikonischen oder indexikalischen Referenz der Geste als Zeichen für etwas begründet, wie etwa als Zeichen für Sonne oder als Zeichen für innere Gefühlsregungen. Dabei ist in THE NEW WORLD auch eine teils pathetische Aufladung der Gesten zu finden, allen voran in jenen Momenten, in denen Pocahontas ihre Arme gen Himmel streckt. (vgl. ebd.: 166ff.)

Die Inszenierung des Verständnisses der Welt und des anderen Menschen über Körper- und Naturerfahrung anhand haptisch anmutender Bilder lädt den Zuschauer dazu ein, das Bild und den Film ebenso sinnlich körperlich wahrzunehmen. THE NEW WORLD präsentiert eine haptische Erfahrung der Filmwelt, die die Berührung zwischen Körpern, Händen und Haut einerseits als Möglichkeit zur Verständigung zwischen den Protagonisten darstellt. Andererseits kann der gesamte Film durch diese Inszenierungsweise als Versuch betrachtet werden, „die mediale Grenze des Filmischen in Richtung einer neuen Sinnlichkeit, der Sinnlichkeit taktiler Wahrnehmung, zu überschreiten" (ebd.: 169).

Die Evokation einer haptischen Filmerfahrung ist in vielen Filmen Malicks durch die Fokussierung von Berührungen der Protagonisten untereinander oder mit der Natur sowie durch die Nähe der Kamera zu Oberflächenstrukturen von Materialien, Texturen und Haut zumeist in Großaufnahmen, zu finden. Auch in TO THE WONDER und KNIGHT OF CUPS wird die Interaktion der Figuren durch Körpersprache, Berührungen und Gesten vermittelt. Marina und Neil wechseln kaum ein Wort innerhalb der Diegese miteinander, sodass ihre Sprachlosigkeit in der Kommunikation mit ihren Körpern mündet. Der Zuschauer erfährt so, dem phänomenologischen Ansatz folgend, durch sein taktiles In-der-(filmischen)-Welt-Sein, als „cinesthetic subject" eine leibliche Erfahrung des Films, ein tastendes Begreifen der Atmosphären der Intimität, Naturverbundenheit und Sinnlichkeit.

4.1.2.2.2 Setting – Natur und Räumlichkeit fühlbar machen

Das Setting fungiert in Terrence Malicks Filmen mitnichten lediglich als Handlungsort und szenischer Hintergrund, vor dem die Figuren agieren. Stattdessen wird es zu einem integralen Bestandteil der filmischen Welt, der atmosphärisch erfahrbar wird. Passend zum Diskurs um die Atmosphären erscheint es treffender, statt von Setting von Umgebungsqualitäten zu sprechen. Die filmischen Räume nämlich zeigen sich als atmosphärische Sphären, in denen sowohl das sinnlich-haptische als auch ein somatisches, ein ganzheitlich körperliches Erlebnis der Umgebung vermittelt wird.

Herausragend dabei ist Malicks Inszenierung der Natur. Naturumgebungen spielen in seinen Filmen eine zentrale Rolle bei der Welterfahrung und -wahrnehmung der Protagonisten ebenso wie der atmosphärischen Wirkung seiner Filme. Die Filme durchzieht dabei eine thematische und inszenatorische Dialektik in der Darstellung der Naturphänomene: Einerseits werden Felder, Fluss- und Strandufer oder Wälder zu Orten von Sinnlichkeit, Reinheit, Leben(-digkeit), Liebe, Ruhe, Besinnung und Frieden. Zudem finden sich deutliche Anklänge eines pantheistischen Verständnisses einer spirituellen Präsenz in der Natur, allen voran in THE TREE OF LIFE. Andererseits werden diese gleichen Orte teils umcodiert und avancieren zu Schauplätzen der Gefühlskälte, des Todes, der Grausamkeit und Bedrohung, seien es Feuerschwaden und Heuschrecken, die eine Farm zerstören (DAYS OF HEAVEN), der Fluss, der zum Ort des Todes (BADLANDS, DAYS OF HEAVEN) und der Emotionslosigkeit des ersten Geschlechtsverkehrs und Zerstörung der Natur dient (BADLANDS) oder die labyrinthisch anmutende Umgebung des Urwalds von Guadalcanal (THE THIN RED LINE). In den späteren Filmen zeigt sich im Gegensatz dazu eine generelle dynamische Gegenüberstellung von Mensch und Natur, in der die menschliche Welt als Ort der Unreinheit, Härte, Leere, Entfremdung und Zerstörung inszeniert wird. Vor allem in THE TREE OF LIFE, TO THE WONDER und KNIGHT OF CUPS wird die Natur im Gegensatz zum städtischen Milieu nicht mehr als zerstörerische, dem menschlichen Leid gegenüber indifferente Kraft, sondern als weite, offene Umgebung voll Bewegung, Sinnlichkeit und Leidenschaft in Szene gesetzt. In KNIGHT OF CUPS wird das Setting der Stadt vor allem als räumlich einengend und bedrückend erfahrbar. Selbst weitläufige Gärten sind derart von Menschen bevölkert, dass kein Lufthauch mehr Platz zu finden scheint, Wasser und Pflanzen werden in Beton eingepfercht. Dem gegenübergestellt werden über den Film verteilt Zwischenschnitte zu einer offenen, weiten Ebene in der Wüste, wo der Kamera Freiraum und Zeit gegeben wird, langsam in die Tiefen des Bildes zu gleiten. Eine kontemplative Ruhe und Entschleunigung durchzieht jene Einstellungen, in denen Rick durch diese Wüste umherwandert. Auch ein Ortswechsel innerhalb der Stadt zu den weiten Ufern der Strände ist als Wechsel zwischen Beengung und Weitung markiert. In Kombination mit dem Motiv des Wassers wird dieser filmische Raum als fließender Bewegungsraum wahrgenommen, in dem die Protagonisten ihrer körperlichen Ekstase Raum geben können.

In TO THE WONDER wird der Kontrast von Enge und Weite, von Stillstand und Bewegung noch deutlicher in Szene gesetzt: Die Innenräume werden mit Stimmungen der Entfremdung und Leere, der Starre und Kälte sowie vermehrter Distanz zwischen den Protagonisten assoziiert. Die offenen Felder hingegen evozieren als Orte der Lebendigkeit, der Emotionen und Bewegungsfreiheit auch in DAYS OF HEAVEN und THE NEW WORLD eine Weite des Gefühls. Im Gegensatz zur Weitläufigkeit der Ebenen und Wasseroberflächen werden die von starren Linien bestimmten Innenräume als Einsperrungen inszeniert, aus denen die Protagonisten teils durch Bewegung ausbrechen wollen. Sei es Marina aus TO THE WONDER, die unablässig auch in Gebäuden tanzt, oder die Brüder in THE TREE OF LIFE, die durch das Haus tollen, sobald der Vater auf Geschäftsreise ist: Als ob sie die starren Linien durchbrechen wollten, übertragen die Protagonisten ihre raumgreifenden Bewegungen aus der Natur ins Innere von Gebäuden. Umherschweifend und zerstreut muten dabei die Tanzbewegungen von Marina an, deren federnde, luftig leichte, schwungvolle, teils stürmische Bewegungen sich mit der fließenden Bewegung der Kamera und Montage vereinen, wodurch eine räumliche Atmosphäre der Offenheit, Leichtigkeit und der Entfesselung fester Strukturen entsteht. Trotz der raumgreifenden ebenen Flachheit endlos weiter Panoramen der Badlands mutet die Landschaft im gleichnamigen Film wiederum aufgrund des Klimas der ausgedörrten, von Hitze und Trockenheit durchzogenen lebensfeindlichen Umgebung und deren Erstarrtheit erdrückend an. Nur in einem einzigen Augenblick ist in dieser offenen Prärie Wind zu vernehmen, ansonsten erscheint die Szenerie bewegungslos, wie ein Gemälde. Das einzige, was sich hier bewegt, ist das Auto der Fliehenden, das eine Spur von Staubschwaden nach sich zieht, die in dieser Welt der Horizontalen wie ein Fremdkörper in die Höhe wirbeln. Die Landschaft scheint die Protagonisten durch ihre eigene überbordende Präsenz zu erdrücken, diese „zu absorbieren, ohne dass sie darin aufgehen[.]“ (Kamalzadeh/Pekler 2013: 162)

Hinsichtlich der sinnlichen Naturerfahrung, die sich durch Malicks Filme zieht, schafft es etwa die atmosphärische Inszenierung der goldgelben Weizenfelder in DAYS OF HEAVEN die Umgebung, in der sich die Figuren bewegen, für den Zuschauer sinnlich zu erschließen. So wird diesem nicht das *Bild* einer Landschaft geboten, sondern ein *Gefühl* für das sinnliche und somatische Erleben der Umgebung angeregt. Kamalzadeh/Pekler sprechen in diesem Kontext davon, dass dies der erste Film von Malick sei, „der sich der Landschaft und der Objektwelt in einem äußerst sensualistischen Sinn anzunähern versucht[.]“ (ebd.: 167) Materialität und Oberfläche des filmischen Raumes werden greif- und spürbar, indem dieser nicht allein durch die visuelle Inszenierung sichtbar, sondern ebenso durch auditive und taktile Eindrücke durchdrungen wird. Ein entscheidendes Element sind dabei die den filmischen Raum durchziehenden Windströme. Das Wehen des Windes durch Weizenähren, Blätter, Haare von Erntearbeitern, Stoffe wie Kleidung und Vorhänge eines Pavillons, Wasseroberflächen des Flusses, Flaggen, das Aufwirbeln von Staub- und Feuerschwaden sowie ein Windrad auf dem Dach des Farmers (Sam Shepard) fungieren als sichtbare Zeichen der direkten physischen Einwirkung des Elementes der Luft auf die sich im Bild befindlichen Menschen und Objekte. Luft wird dabei als ein Element erfahrbar, das eine raumgreifende Ausfüllung sämtlicher Nischen und Winkel des Bildes zur Folge hat. Diese Ausfüllung ist an sich nicht direkt sichtbar, sondern wird nur im Kontakt mit festen, physischen Materialien vernehmbar. Indem „[d]ie verkörperte Wahrnehmung der Zuschauer […] mit der Materialität der filmischen Objekte und ihrer Inszenierung [resoniert]“ (Morsch 2011: 173), fungiert diese flüchtige und zugleich deutlich in ihrer Kraft und Einwirkung spürbare Erscheinung des Windes *an* den Materialien als wiederkehrendes Naturelement, das eine direkte Verbindung der Figuren zu ihrer Umwelt herstellt sowie die somatisch-räumliche Empfindung des Zuschauers anspricht. Gepaart mit der auditiven Fokussierung und Betonung der Geräusche des Windes, allen voran das Rauschen und Knistern der sich im Wind wiegenden Weizenähren, wird ein synästhetisches Gespür für die Offenheit und

Weite des Landes transportiert, in der sich der Wind ohne Hindernisse seine Wege bahnen kann.

Für das Erzeugen eines Gespürs für die vor allem taktile Einfühlung in die Landschaft wird dem körperlichen Erleben der Umwelt durch die Protagonisten eine große Bedeutung zugewiesen: An erster Stelle steht das Ausstellen der körperlich anstrengenden Arbeit auf den Feldern in Abfolgen von Einstellungen, die die Hände und Körper der Menschen in direkter Berührung mit dem Getreide zeigen. Äußerlich sichtbare Einflüsse wie von Schmutz und Staub übersäte Gesichter und Gliedmaßen zeugen von den direkten Einwirkungen der Umwelt auf die Haut der Protagonisten, die als direkter sinnlicher Berührungspunkt eines Subjekts zur es umgebenden Welt als Symbol der sinnlichen Empfindungswelt der Protagonisten fungiert. Direkte Berührungen der Figuren mit der Natur, sei es durch das klärende Wasser des Flusses, das Erfühlen der Reife der Ähren durch die Hände des Farmers oder jener Moment, in dem Linda ihr Ohr auf die Erde legt, um mit all ihren Sinnen in ihre Umwelt einzutauchen, vermitteln einen atmosphärischen Empfindungsraum, der sich anhand der räumlich-atmosphärischen Ausstrahlung und Einwirkung der Umgebung auf die Figuren über die verkörperte Wahrnehmung des Zuschauers auch auf diesen überträgt. Der Film strebt dabei „eine ganzheitliche, visuell und sinnlich kompakt ausgerichtete Form von Kino an, die das Medium als Mittel der Welterfahrung ernst nimmt.“ (Kamalzadeh/Pekler 2013: 167)

Dieses sinnliche Erleben der filmischen Welt wird ebenso durch etliche Einstellungen der Natur an sich ermöglicht, in denen Zeit und Raum gegeben wird, die teils „überbordende Schönheit der Aufnahmen“ (ebd.: 166) atmosphärisch wirken zu lassen. In diesen wird eine große Lebendigkeit und Bewegung der Natur spürbar, die zu einem bestimmenden Element der filmischen Erzählung avanciert. Denn es sind die Protagonisten, die sich an die Dynamiken und Bedingungen der Landschaft anzupassen haben, nicht umgekehrt. Der Film stellt somit die Umgebung als sich verändernde Gegebenheit aus, „zu der sich die Figuren verhalten, in der sie sich einrichten und der sie widerstehen müssen.“ (ebd.: 168) So ist die Erzählung in Days of Heaven lose entlang der Zyklen der vier Jahreszeiten aufgebaut. In den sich wandelnden Jahreszeiten liegt ein assoziativer Wechsel von Stimmungen begründet, wobei jedoch die Atmosphäre von sommerlicher Wärme durch die Dominanz von Bildern sonnengetränkter Weizenfelder den Film insgesamt prägt. Dabei werden diese Wechsel nicht explizit ausgestellt, sondern sind vielmehr eingebunden in einen fließenden Übergang teils symbolisch codierter Naturaufnahmen. Die Nahaufnahme einer Weizenähre, an der die Wassertropfen geschmolzenen Schnees abperlen sowie vor allem eine im Zeitraffer wachsende Pflanze sind als Übergänge von Winter zu Frühling markiert.[23] Mehr noch als der Wechsel zwischen den Jahreszeiten fungiert der Wechsel zwischen Wetterphänomenen von Sonne über Schnee, Gewitter und Dunst auf dem Fluss als Indikator für den Umschwung der Stimmung.

Dass das Setting ein bestimmendes Element der filmischen Erzählung ist, das großen Einfluss auf die Atmosphäre hat, wird ebenso durch Kameraeinstellungen und mise-en-scène betont: Nicht Nahaufnahmen von Gesichtern oder Körpern der Figuren dominieren, in denen die Figuren als Zentrum des Bildes wahrgenommen werden, um die herum sich alles andere anordnet. Viel häufiger sind Einstellungen zu finden, in denen der Mensch im Verhältnis zur Natur platziert wird. So finden sich die Konturen und Staturen der Arbeiter und Protagonisten oftmals als Silhouetten vor weiten Himmelspanoramen wieder. Ob in der Gruppe oder als einzelne Figuren in der Weite des Feldes: Bei der mise-en-scène in DAYS OF HEAVEN liegt nicht das Augenmerk darauf, das Verhältnis der Darsteller zueinander oder zu Objekten im Bild zu arrangieren. Vielmehr findet sich in der stetig betonten Einbettung der Figur in die Umgebung ein atmosphärischer Gestus, der zur Folge hat, dass der die Figuren umfassende Hintergrund die Figuren eintaucht in die Stimmung der Szenerie und somit als bildbestimmender Vordergrund wahrgenommen wird. Im Wechsel von Totalen und weiten Panoramen der Felder mit Detailaufnahmen von Pflanzen oder Tieren zeigt sich ein Wandel zwischen einer teils aufgrund der Schönheit der Aufnahmen unwirklich, traumhaft anmutenden Stimmung auf der einen und der Nähe der intimen Naturerfahrung auf der anderen Seite, die ein sinnlich-haptisches sowie somatisch fühlbares Gespür für Texturen und räumliche Dimensionen der Natur vermittelt.

Die Umgebung in THE THIN RED LINE wird dominiert von der Dichte des Urwalds von Guadalcanal, der von rankenumwobenen Bäumen, einem Dickicht aus Gestrüpp, Blättern, Ästen und Wurzeln durchzogen ist, die kaum freie Flächen und Wege bieten. Undurchdringlicher Schatten erstreckt sich unter dem dichten Blätterdach der hochragenden Baumwipfel, die nur vereinzelt Sonnenstrahlen hindurch lassen. Dies evoziert eine ein-

23 Der Jahreszeitenzyklus wird auch in weiteren Filmen Malicks zum Mittel der Vermittlung von Stimmungen, so werden etwa in THE NEW WORLD und TO THE WONDER die kalten Jahreszeiten von Atmosphären der Trauer, Schwermut und Einsamkeit durchzogen.

engende Wirkung sowohl aufgrund der räumlichen Enge als auch aufgrund der fehlenden Orientierung, da kein Establishing Shot einen Überblick über die Insel oder den Dschungel gewährt. (vgl. ebd.: 174) Kristallklares Wasser an Stränden und der in die Ferne und Weite rückende Blick über Ufer wirken im Gegensatz dazu wie eine Befreiung von der Enge und Undurchsichtigkeit des Dschungels. Die Figuren kommen dabei in direkte sinnliche Berührung mit der Umgebung. Impressionen einer „von Vitalität strotzenden Wildnis“ (Kronemeyer 2006: 339) werden gepaart mit einer sanften Sinnlichkeit und Stilisierung in der Inszenierung der Umgebung, wenn etwa das Sonnenlicht in dunstig silbrig-blauen Strahlen durch das Blätterdach herunterfällt. Die „visuelle Poesie kontemplativer Naturbilder“ (Röwekamp 2011: 185) schafft eine Atmosphäre der Ruhe, des Friedens und der Stille in Momenten, in denen sich der Film in seinen Einstellungen ganz auf Pflanzen, Flüsse oder den Himmel fokussiert.

Der Ansturm der Soldaten auf die Anhöhe, auf der die Japaner Stellung bezogen haben, tritt durch eine prägnante atmosphärische Inszenierung des Settings hervor. Die Kamera und der Zuschauer müssen sich den Raum des Hügels Schritt für Schritt selbst erschließen. Dazu folgt die Kamera den Soldaten auf Bodenhöhe durch die dichten Gräser, die den Hügel lückenlos bedecken. Die Kamera agiert hierbei wie eine Art stiller Beobachter und Zeuge, der schleichend und gleitend den Protagonisten folgt, als wäre sie einer von ihnen. Dabei wird die Sicht auf die Protagonisten durch sich im Vordergrund des Bildes befindende Grashalme eingeschränkt und/oder verdeckt. Die fließenden Bewegungen durch das Dickicht werden durch das merkliche Beiseiteschieben oder Umknicken der Gräser am Rande der Kadrage leiblich spürbar. In dieser Bewegung der Kamera liegt eine angespannte Unruhe, denn der Raum wird zwar in seinen Tiefen durchdrungen, bleibt aber doch undurchsichtig. Das Eintauchen der Kamera ins kniehohe Gras verweigert Einsicht, auf den Feind, auf den Kameraden, auf die Anhöhe an sich. Die Gräser wogen sich dicht gedrängt im Wind und wirken wie eine lebendige und zugleich in ihrer Größe überwältigende, gesichtslose, feststehende Front, die nicht durchdrungen werden kann. Die Soldaten werden dabei in Einstellungen gezeigt, in denen ihre Gesichter und Körper von Grashalmen umsäumt und verdeckt werden. (vgl. Abb.12) Somit wird das Setting fokussiert, die Protagonisten werden in den Hintergrund gedrängt, von diesem regelrecht eingekesselt und verschlungen. Es entsteht so eine große räumliche Enge durch die von Gräsern umsäumten Bildquader. Die Masse der Gräser verschluckt die Menschen, die wie gefangen und eingeschlossen in den Grasmassen verharren. Dieses einengende Gefühl wird auf der auditiven Ebene durch das laute Windrauschen sowie vor allem das Rascheln der Bewegungen und Schritte der Soldaten beim Streifen und Durchkriechen der Gräser intensiviert. Die immense Lautstärke des Raschelns der Gräser betont deren räumliche Nähe und allumfassende Umschlossenheit. So entsteht durch die Inszenierung der räumlichen Enge eine leiblich bedrückende Atmosphäre, eine Atmosphäre des Undurchsichtigen, Ungewissen und der angespannten Unruhe.

4.1.2.2.3 Atmosphärische Geräuschkulissen

Was die klangliche Gestaltung von Malicks Filmen anbelangt, sticht das Merkmal der Fokussierung und Betonung der diegetischen Geräusche stark hervor. Malick entwirft Geräuschkulissen, bei denen teils verschiedene Laute, Klänge, Töne und Stimmen aus der Diegese sowie aus dem Off in ein Spannungsverhältnis treten und/oder sich zu einem dichten atmosphärischen Klangteppich verweben. Auf diese Weise unterwandert Malick das Primat des Visuellen, indem er einen großen Wert darauf legt, dass seine Filme ebenso intensiv über den Hörsinn erlebt und erfasst werden können und sollen.

So werden zahlreiche Geräusche, die ihren Ursprung innerhalb der Diegese haben, in DAYS OF HEAVEN in hohem Maße betont und punktuell eingesetzt, um eine Fokussierung auf die auditive Ebene des Films anzuregen. Seien es die Klänge zirpender Grillen, das Rattern eines Windrads auf dem Dach des Farmhauses, brausender Wind, der die Ähren zum Rascheln und Stoffe zum Flattern bringt oder das Dröhnen der Erntemaschinen: All diese Klänge setzt Malick teils punktuell, teils kontrapunktisch z.B. in Relation zum Dialog der Figuren ein, teils verwebt er sie in Kombination miteinander und/oder in Kombination mit der nichtdiegetischen Filmmusik zu einem Klangteppich. Dieser mutet wie ein Kaleidoskop ineinandergleitender Töne an, welches die filmische Welt über ihre Geräusche erfahrbar macht und eine auditive Atmosphäre schafft, die den Zuschauer akustisch in die Welt eintauchen, sie durchdringen lässt. Malick regt so dazu an, das Rascheln des Windes nicht nur zu hören, sondern es auch leiblich zu spüren, zu fühlen. Diese Collage von Tönen verdichtet die auditive Erfahrung des Films derart, dass sie teils in den Vordergrund der Wahrnehmung des Zuschauers rückt und die klassische filmische Tongestaltung, die Sound in der Regel als begleitende Komponente in den Dienst von

Dialog und der Verstärkung eines Realitätseffekts der Geräusche stellt, teils unterläuft und abwandelt. (vgl. Crofts 2001)

Eine dieser Formen der Verschiebung des gängigen auditiven Fokus zeigt sich in jenen Momenten, in denen der Dialog der Figuren von anderen Tönen, Klängen und Geräuschen verdrängt, geradezu verschluckt wird. Die Stimmen der Figuren und der Dialog zwischen ihnen stehen im klassischen Erzählkino im Vordergrund vor allen anderen Sounds. (vgl. ebd.: 24 f.) Dieser Fokussierung einer deutlich vernehmbaren Dialogsprache wird in Days of Heaven jedoch nicht gefolgt. In diesem Film finden sich stattdessen

> [s]natched phrases, half-completed sentences, half heard words. [...] the sounds of conversation overriden by other sounds. [...] Sounds of human encounter vanish on the wind. (Orr 2003: 72)

Gleich zu Beginn des Films ist Bills Stimme während der Auseinandersetzung mit einem Arbeiter in der Stahlmine erst nur sehr leise, dann gar nicht mehr zu vernehmen. Das ohrenbetäubende Dröhnen und Rattern der Maschinen sowie lärmende Dampfgeräusche und Metallklirren vermitteln eine erdrückende Klangkulisse, die die Szene auditiv durchdringt. Es entsteht eine bleierne, beengende Stimmung, in der der Protagonist nicht atmen, sich nicht entfalten, sich sinnbildlich kein Verhör verschaffen kann, selbst verschluckt wird, sodass er schließlich daraus ausbrechen muss.[24] Hierin zeigt sich eine gewisse Mächtigkeit und Ausdehnung des (Umgebungs-)Tons, der eine dynamische, atmosphärische Vereinleibung der Figurenstimmen verursacht. Statt die Stimmen der Protagonisten als narratives Zentrum deutlich hörbar erklingen zu lassen, wird durch diese Verschiebung ein situatives Gespür für das Eintauchen in die Klanglandschaft einer Umgebung eingefangen.

Ein weiterer Aspekt bezüglich der räumlich-sinnlichen Erfahrung der filmischen Umgebung durch die Tongestaltung zeigt sich in der generellen immensen Fokussierung und auditiven Verstärkung von Naturgeräuschen und Tierlauten. Es kommt dabei zu einer ungewöhnlich starken Gewichtung von Umgebungsgeräuschen, die gleichberechtigt neben dem gesprochenen Wort stehen und auf diese Weise eine Atmosphäre eines an die Natur gebundenen Voranschreitens der Ereignisse evozieren. (vgl. Crofts 2001: 26) Auf diese Weise wird ein akustischer Wahrnehmungsraum eröffnet, wodurch das Setting nicht nur visuell eingeführt, sondern die Um-

24 Timecode: 00:02:26-00:03:47.

gebung ebenso über deren Klang charakterisiert und erfahrbar gemacht wird: „Collages of naturalistic noise [...] rival the landscape cinematography for the audience member's attention.“ (Wierzbicki 2003: 121) So wird die Farm nach Ankunft der Protagonisten noch stärker als durch die visuelle Kraft der weiten Panoramen durch die Ebene der diegetischen Geräusche eingeführt (vgl. ebd.: 199):[25] Das laute Rascheln der Ähren im Wind, das Schmatzen eines Bisons, der Schrei eines Vogels, das Zirpen von Grillen, das Rauschen des Windes, das Rascheln von Bewegungen und Schritten in den Weizenfeldern, das Geräusch von im Wind schwingenden Flaggen, das Knacken des Brechens einer Ähre und das Reiben von Händen verdichten sich zu einer Geräuschkulisse, die so stark fokussiert wird, dass die filmische Welt besonders eindringlich über den Hörsinn erlebbar wird.

In der Heuschreckenplagen-Sequenz zum Ende des Films herrscht ebenso ein lauter Geräuschpegel des Surrens und Summens, der Flügelschläge sowie der Fressgeräusche der Heuschrecken vor. Windböen verwehen die Ähren, Sirenen heulen, Menschen rufen. Unterlegt mit einer dynamisch sich in ihrer Intensität und Lautstärke wandelnden extradiegetischen Musik findet sich eine ständige Spannung und Wechselgewichtung zwischen den Geräuschen der Umgebung und jenen des Scores: „[T]he music re-enters and partakes in a ghastly counterpoint with the noise of shouts, alarm bells, flames and wind.“ (ebd.: 120) Die Szene beginnt mit einem leise einsetzenden Surren, dessen Präsenz auf der akustischen Ebene langsam schleichend als Geräusch der Insekten identifizierbar wird. Das immer lauter werdende Surren legt sich wie eine Klangschicht unter die Szene, die immer wieder in den akustischen Vordergrund rückt. Kombiniert mit „a low atmospheric rumble in the strings [...] [that] matches the locusts' chirping“ (Power 2003: 107) entsteht eine akustische Klangdichte. Diese paart sich mit einer gewissen Dichte im Bild, in der durch Rauchschwaden des Feuers teils nur Konturen zu erkennen sind und keine Übersicht über das Ineinandergleiten der Gestalten, Flammen und Insekten mehr gewährleistet wird. Das Bild und die auditive Ebene werden durch diesen bedrückend und beklemmend anmutenden Soundteppich atmosphärisch „erstickt“. Die immer wiederkehrenden Nahaufnahmen der Heuschrecken werden mit überproportional lauten Geräuschen des Surrens, Rasselns und des Verspeisens der Weizenkörner gepaart, sodass „a dislocating aural perspective [is created], inviting us to identify with their mi-

25 Timecode: 07:46-11:00-11:56.

crocosmic world rather than with the distant yelps and whoops of the workers." (Crofts 2001: 26)

Die diegetischen Geräusche und Sounds der Umgebung spielen auch in THE THIN RED LINE und THE NEW WORLD eine enorme Rolle in der atmosphärischen Wirkung. Auch hier webt Malick einen Klangteppich zusammen, der einen Großteil der Szenen unterlegt und einen dichten auditiven Eindruck vermittelt. Kontemplative Stille, in der nur Natur- und Tiergeräusche zu hören sind, begleitet die ersten Einstellungen der Filme und schärft sofort den Sinn für das Eintauchen in die Landschaft. Ein unablässiges Rascheln der Schritte im Dschungel sowie das Geräusch der sich im hohen Gras fortbewegenden Soldaten in THE THIN RED LINE schaffen ein räumliches Gefühl der Nähe und vermitteln eine Greifbarkeit und Haptik der Oberflächen. Ein dichter Geräuschpegel von zirpenden Grillen und Vögelrufen, dem Rascheln von Blättern, rauschhaften Klängen des Windes und Wassers, legt sich über die Szenerien des Waldes und der Felder in THE NEW WORLD. Diese Naturgeräusche stehen in Kontrast zu den ersten Klängen, die man von den Kolonialisten vernimmt, dem Klimpern von Metallketten und Eisenwaffen. Die Soundkulisse schafft so einen atmosphärischen Hof, in dem die auditive Wahrnehmung der filmischen Welt gleichberechtigt neben dem visuellen Erfassen des Gezeigten steht.

In THE TREE OF LIFE, TO THE WONDER und KNIGHT OF CUPS gesellen sich zu den Geräuschlandschaften der Natur zusätzlich Klänge aus urbanen Milieus. Dabei ist vor allem eine Überlappung von Geräuschpegeln und eine generelle Kontrastierung der beiden Geräuschmilieus zu beobachten.

Die Sequenz im Bürokomplex zu Beginn von THE TREE OF LIFE wird durchzogen von einem permanenten Grundrauschen von nicht näher zu lokalisierenden Stimmengemengen, bei dem die zwischenzeitlich auszumachenden Stimmen einzelner Personen aus der Diegese gleich Wellen in ihrer Lautstärke abebben und wieder das Rauschen der gesichtslosen Stimmen in den klanglichen Vordergrund tritt. Die auditive Gestaltung wird so zum Ausdruck der Atmosphäre der Leere und Trauer, der gedanklichen Versunkenheit und Weltentfremdung von Jack. Dieses Rauschen des Stimmengemurmels geht sukzessive mehr und mehr über in ein Meeres- und Windrauschen, das sowohl aus den Erinnerungsfragmenten von Jack sowie Szenen von Jack aus der jenseitigen Wüstenlandschaft vom Ende des Films, die beide den Klang und das Motiv von Wasser etablieren, auditiv in die Jetzt-Zeit von Jack als Erwachsenem „herüberschwappt". So verdichtet die auditive Gestaltung die verschiedenen Zeitebenen. Was ebenso in dieser Sequenz anklingt, sind die klanglichen Überlappungen verschiedener Tonebenen, die in Malicks Filmen teils zu einem klanglichen Überangebot führen. Damit ist ein intendiertes gleichzeitiges Ertönen verschiedener Tonspuren gemeint, die erdrückende und räumlich desorientierende Wirkungen verursachen können. Die auditive Ebene verbindet dabei zudem Räume der Diegese mit dem Off, wenn es zu einer Parallelität von auditiven Elementen kommt, wenn etwa Dialoge weiterhin zu hören sind, während innere Stimmen aus dem Off ertönen. Man möchte in TO THE WONDER fast von einem Konkurrieren der Lautstärke zwischen Stimmen aus der Diegese und dem Off, dem Zirpen von Grillen, Vogelrufen, Windrauschen und der teils atonalen extradiegetischen Musik sprechen, wenn Jane und Neill u.a. zwischen den Ähren eines Feldes entlanggehen. In einem Moment entsteht fast der Eindruck, als ob Jane selbst, als Figur der Diegese, diese auch aus dem Off kommende klangliche „Überfülle“ als irritierend wahrnimmt und ihren Kopf Orientierung suchend nach dem Klang des Rufes eines einzelnen Vogels wendet. Es entfaltet sich eine klanglich beklemmende, weil überbordende Atmosphäre der Fülle, Dichte und Wucht, die sich in Überschwang entlädt.

Zu Beginn von KNIGHT OF CUPS findet sich gar ein ungewöhnlicher Hinweis: “For optimal sound reproduction, the producers of this film recommend that you play it loud.”

Laut sollte dieser Film in der Tat angehört werden, um die Parallelität und Kontrastierung der Klanglandschaften in vollem Maße wirken lassen zu können. Die Geräuschkulissen der Stadt werden jenen der Wüste und des Strandufers gegenübergestellt, um Stimmungen der Besinnung, Ruhe und Kontemplation als Gegenteil zur Atmosphäre eines lauten Dröhnens, einer Desorientierung und Überfrachtung zu etablieren. Die Stille der Wüste und des Strandes, die einzig unterbrochen wird vom Rauschen des Windes, wird kontrastiert mit dem Lärm von Sirenen, Hubschraubern, Straßenverkehr, Musik, Stimmengewirr, Flugzeugen oder Fahrstühlen. In Kombination mit diesen einzeln zu identifizierenden Lauten ist der Film im Gesamten durchsetzt mit einem wortwörtlich rauschhaften Ton, einem Grundrauschen, das teils wie ein permanentes Ohrrauschen anmutet. Dieses Rauschen erstickt teils die Stimmen innerhalb der Diegese vollkommen oder lässt sie in ihrer Lautstärke anschwellen und wieder abebben.[26] Der Soundeffekt des Rauschens eröffnet ein Geräuschfeld, das den Klang eines Schwebens und Treibens erzeugt. Das Rauschen füllt die Bilder at-

26 Timecodes: 00:26:50-00:29:40, 00:51:55.

mosphärisch aus und schafft eine Sphäre, in der auch der Zuschauer in einen eigentümlichen Taumel versetzt wird, der ihn auf seinen Hörsinn als dominantem Sinn des Filmerlebens zurückwirft.

4.1.2.2.4 Musikalische Atmosphären

Gernot Böhme ist der Auffassung, „daß Atmosphären zu erzeugen ein Grundzug von Musik überhaupt ist[.]" (Böhme 1998: 73) Der Musik hafte dabei wie den Atmosphären eine Räumlichkeit an, die Auswirkungen auf die leibliche Präsenz des Zuhörers haben könne. Dies sei in dem synästhetischen Charakter von Tönen begründet, da beispielsweise tiefe Töne mit Schwere assoziiert würden, hohe Töne hingegen Leichtes und Aufsteigendes ausstrahlten. Im Kontext der Räumlichkeit können Töne nach Böhme einen Gestaltcharakter im Raum annehmen, wenn etwa von wolkigen, zerrissenen, sich senkenden, nähernden oder entfernenden, schleichenden, bedrückenden, lastenden oder erhebenden Wirkungen der Töne die Rede sei. (vgl. ebd.: 77) Diese synästhetischen Qualitäten machten Musik zu einem Instrument der Erzeugung von Atmosphären. Filmmusik nun diene allein diesem Zweck, den Zuschauer über musikalische Atmosphären einzustimmen, um an den Gefühlen der Charaktere teilzuhaben. (vgl. ebd.: 79 f.) Die Wirkung und Funktion musikalischer Atmosphären im Film ist sicherlich nicht ausschließlich an die Empfindungswelt der Figuren gebunden. Bei Malick allerdings findet sich eine besonders dichte Verbindung von musikalischer Atmosphäre und Figureninnerem, da er Musik oftmals gepaart mit dem Erklingen der inneren Stimmen der Protagonisten einsetzt. Dem dabei zeitweise vollen und intensiven Klang von Streicherarrangements wohnt eine hohe Emotionalisierung inne, die v.a. in Verbindung mit den Voice-Over-Stimmen atmosphärisch bedeutsam wird.

Die inneren Stimmen in THE THIN RED LINE etwa werden mit „dezenten, langsam an- und abschwellenden Streicherakkorden" (Stiglegger 2006: 202) und sich in ihrer Intensität steigernden, teils „dröhnende[n] Instrumentalklänge[n]" (Kronemeyer 2006: 345) kombiniert. Die melanesischen Gesänge der Eingeborenen versprühen hingegen eine Stimmung von Ursprünglichkeit, Reinheit, Leichtigkeit und Frieden, die kontrastiert wird mit der melancholischen, teils schwermütigen, meditativen Tönung der „Musik" der inneren Stimmen. Diese Kopplung der extradiegetischen Musik mit den inneren Stimmen der Protagonisten bewirkt eine hohe Emotionalisierung der gesagten Worte. Dabei fungiert die Musik zusätzlich als

Verbindungsglied zwischen den wechselnden Perspektiven, da neben der Kameragestaltung die Musik als zweites Element wirksam wird, das einen fließenden Übergang von einer Stimme zur nächsten gewährleistet.

In jener Sequenz, die mit Staros' Abschied von den Soldaten beginnt und mit dem nächtlichen Angriff auf das Lager ausklingt, entfaltet sich ein flüssiger Übergang zwischen den Stimmen durch die Klangwirkungen der Musik:[27]

Als die Soldaten abfliegen und Staros' Stimme ertönt ("Your are my sons, my dear sons. You live inside me now. I'll carry you wherever I go.") entlassen leise Posaunen-, Flöten- und Streicherklänge die Soldaten hoch in die Lüfte und künden in einem hoffnungsvoll ansteigenden Ton von der tief empfundenen, in Zukunft anhaltenden Verbundenheit zwischen Staros und ihnen. Die Stimmung einer zärtlichen Hoffnung wird über die Musik in die nächsten Bilder getragen, in denen die Soldaten seltene Momente der Entspannung im Uferwasser verbringen. Private Doll (Dashiell Mihok) tritt in den Fokus. Jedoch ist es nicht seine Stimme, die aus dem Off erklingt, als er in der darauffolgenden Einstellung auf dem windigen Flugfeld zu sehen ist. Vielmehr sinniert Trains Stimme über die Unvergesslichkeit der Kriegsgräuel ("Can't nothing make you forget it. Each time you start from scratch."), während vereinzelt Klavierklänge zu hören sind, die jedoch mehr und mehr von hohen Streichern verschluckt werden. Diese werden lauter und intensiver, muten wie eine fliegende Bewegung des Staubes, den das Flugzeug aufwirbelt, und des Windes, der Doll fast von den Füßen wirbelt, an.

Als die Szenerie sich wiederum schlagartig ändert und die Soldaten bei einem Faustkampf zu sehen sind, muten Trains ernste Worte über die Wesensveränderungen, die der Krieg in Menschen verursacht, wie ein Beschweren der vorherigen Leichtigkeit, ein Zurückzerren in die Realität an ("War don't ennoble men, turns them into dogs."). Analog dazu erklingt mit seinen Worten, dass der Krieg die Seele vergifte, während nun Private Dale (Arie Verveen) zu sehen ist, der in sich gekehrt im Regen kauert, zum ersten Mal eine abfallende Tonfolge von Streichern, die ein wiederkehrendes Thema dieser Sequenz werden wird. In diesen Momenten schwillen die Streicher an, während Dale weinend und kümmernd zusammenbricht, als er jene Zähne betrachtet, die er einem Japaner entfernt hatte. Die Erinnerung an diese Schändung wird durch die erklingende Stim-

27 Timecode: 02:01:55-02:05:22.

me des Japaners in ihrer traumatisierenden Wirkung intensiviert, indem die herabfallende Tonfolge der Streicher laut anschwillt und übergeht in verzweifelte, flehende, klagende Zerrissenheit. Zugleich liegt etwas Melancholisches in der Musik, die wie Luft zu schweben scheint, wie eine leichte, herabsinkende Luft, den Tönen nach unten folgend. So trägt die Musik das Gefühl weiter zur nächsten Einstellung von einem Himmel gesäumt von Palmen, unter denen Bell läuft. Als die Musik zur Ruhe kommt, wird Bells besinnliche, sinnierende Stimme vernehmbar ("My dear wife, you get something twisted out of your insides by all this blood, filth and noise. I wanna stay changeless for you. I wanna come back to you the man I was before."). Bilder von ihm am Ufer paaren sich mit Bildern von seiner Frau an einem fernen Ufer, als ob seine sehnsuchtsvolle Stimme die Ferne überbrücken könnte. Die Töne pausieren oft für einen Moment, während er spricht, erklingen demnach vornehmlich in seinen Sprechpausen ("How do we get to those other shores? To those blue hills. Love. Where does it come from?"). Die Klänge von Stimme und Instrumenten werden so aufeinander abgestimmt, arrangiert in ihrem Rhythmus. Als Bells Frau in Erinnerungsfragmenten auf einer Schaukel zu sehen ist, erklingen während dieser schwingenden Bewegung wieder die Klaviertöne von zu Beginn der Sequenz, wo sie ebenfalls einen leichten, schwebenden, luftigen Klang versprühten. Ein sanftes Ausklingen der Streicher begleitet daraufhin Bilder von Lichtern der Bombeneinschläge auf das Lager bei Nacht, während Bells Stimme hingegen über die Flamme der Liebe philosophiert ("Who lit this flame in us? No war can put it out. Conquer it."). Die abfallende Tonfolge erklingt ein letztes Mal, als Bell davon spricht, ein Gefangener gewesen zu sein, den sie, seine Frau, befreit habe. Dieser Abwärtsbewegung der Melodie ist aufgrund ihres wiederholten Einsatzes eine kreisende Anmutung inne, ein zirkulärer Wechsel zwischen den Perspektiven, ein Einkehren der gleichen Klänge bei jeder Figur. Ebenso kehren die Klaviertöne vom Anfang der Sequenz am Ende wieder und markieren die Perspektivwechsel als eine abgeschlossene Einheit. Fließende Bewegungen der Musik, die wiederholt von oben nach unten gleich Wellen von Bild zu Bild schwappt und ebenso in ab- und zunehmender Intensität voranfließt, bewirken eine atmosphärische Sogwirkung. Ohne diese würden die inneren Stimmen nicht so sehr als kontinuierlich rhythmisierter Zusammenklang wirken, gleich Musikern, die auf ihren Einsatz warten, um das Orchester aus Stimmen und Instrumentenlauten zu vollem Klang zu bringen. Die Töne musikalisieren ein die Figuren verbindendes Gefühl der Besinnlichkeit und Introspektion. Ebenso vertonen sie einen Wandel, der von einer schwebenden Entspannung zu Beginn, über schwermütige Melancholie bis hin zu belastender Schwere und Bedrückung in einer fließenden Bewegungsanmutung führt. Durch das an- und abnehmende Klangvolumen der Musik werden dabei die Worte der Protagonisten dynamisiert und intensiviert.

Malick greift für seine Filme oftmals auf Kompositionen aus Klassik und Romantik zurück, die nicht explizit für den jeweiligen Film komponiert wurden. Wiederkehrend finden sich Choralgesänge, die Stimmungen des Religiösen und Spirituellen intensivieren. Teils kombiniert mit einem klassischen Score, werden diese Kompositionen wiederkehrend über die Filme verteilt, um einen atmosphärischen Ton aufrechtzuerhalten.

Das Vorspiel aus Richard Wagners *Das Rheingold* ist beispielsweise als wiederkehrendes Leitmotiv in The New World eingesetzt. Für die atmosphärische Wirkung ist vor allem der anschwillende Bombast im Klang von Bedeutung, der eine Stimmung von Aufbruch (in eine neue Welt), Wunder und Erhabenheit (der Natur), aufkeimender leidenschaftlicher Gefühle zwischen Pocahontas und Smith sowie der Sinnlichkeit der Naturerscheinungen einfängt und intensiviert.

Eine in immer gleichem, stetig ruhigem Rhythmus gehaltene, wiederkehrende Klarinettenmelodie aus dem Stück *Exodus* von Wojciech Kilar hingegen verleiht Knight of Cups einen durchgehend melancholischen, gleitenden, schwerfällig mäandernden Vorwärtsdrang, der als atmosphärische Spiegelung der inneren Abstumpfung und Leere des Protagonisten gelesen werden kann. Die volleren, wehmütig anmutenden Streicherklänge aus den *Peer-Gynt*-Suiten von Edvard Grieg geben dem Film jedoch ebenso eine romantische, verträumte, sehnsuchtsvolle Klangfarbe.

Die Musikstücke in The Tree Of Life indes haben vor allem in der teils pompösen Klangfülle der Kompositionen einen immens dynamisierenden Einfluss auf die Atmosphäre. Man ist geneigt von einer „symphonic structure“ (Carruthers 2016: 133) des Films zu sprechen. Vor allem die religiös-spirituelle Dimension der Atmosphäre wird über die kirchlichen Choralklänge intensiviert. Eine Vertonung des *Lacrimosa* aus Wolfgang Amadeus Mozarts *Requiem* erhöht die Sequenz der Entstehung des Kosmos und des Lebens auf der Erde zu einem überwältigenden visuellen und auditiven Sinneserlebnis. Während die Kamera durch das All gleitet und farbenprächtige, leuchtende Sternen- und Planetenformationen einfängt sowie Einzeller bei der Entstehung des Lebens gezeigt werden, wird diese direkte Verknüpfung von Mikro- und Makrokosmos in erhabene, mächtige Orchester-, Chor- und Sopranklänge eingetaucht. Die Klangfülle bewirkt eine mystisch-spirituelle Atmosphäre der Ergriffenheit und des Imposanten.

In sämtlichen von Malicks Filmen der 2010er Jahre wird der Einsatz der Musik gepaart mit dem Bilderfluss zusätzlich vor allem zum dynamisierenden und rhythmisierenden Element. Bedřich Smetanas *Moldau* etwa bringt in THE TREE OF LIFE Atmosphären der Erhabenheit der Schöpfung der Natur (durch Gott), des Wunders des Lebens sowie der Agilität des Erwachens und des Fortlaufens des Lebens zum klangbildlichen "Vibrieren".[28] Die schnellen, wuselnden Flöten- und Klarinettenklänge erzeugen eine Atmosphäre des kindlichen Wunderns, des Fantastischen, des Spielerischen, als Jack erst zögerlich, dann immer forscher die Welt um sich erkundet. Als seine Mutter gen Himmel deutet und „That's where god lives." verkündet, „während im selben Augenblick Smetanas *Moldau* anschwillt und eine Bilderflut sich Bahn bricht[,]" (Kamalzadeh Pekler 2013: 187) erhöht sich gepaart zum beschwingten Rhythmus der Musik auch die Schnittfrequenz. Der anschwillende Bombast des voller werdenden Orchesterklangs verleiht Momenten des Spielens im Wasserstrahl des Gartenschlauchs, des Wunderkerzen Anzündens oder des Hüpfens auf dem Bett eine erhebende, schwungvolle Tönung. Die kreisenden Bewegungen, mit denen Jack seinen Bruder durch die Luft schwingen lässt, werden durch die Streicher pointiert, die bald darauf den wuseligen, fließenden, erregten Charakter der Anfangsklänge der Flöten übernehmen, während die Brüder auf Feldern herumtollen. Trompeten, Pauken und Hörner steigern die Intensität des Klanges, als die Kamera den Brüdern in wilden, schnellen Bewegungen und Schnitten folgt. Ballspielen und Rennen durch Gärten und Straßen werden mit Melodieverläufen und Rhythmik der Musik verwoben. Kamerabewegung und Montage werden so dynamisch mit der Musik und ihrem Tempo verschachtelt, sodass hebende und senkende Töne in den Fluss der Kamera überzugehen scheinen. So trägt die Musik immens zu einer Atmosphäre der unaufhörlichen Bewegungsfreiheit und Energie bei, „wo der Klang wie ein Schlüssel in die Ausdrucksform des Bildes passt[.]" (Mauer 2006: 345)

Auch die Atmosphäre in BADLANDS wird intensiv durch die musikalische Gestaltung geprägt. Im Kontrast zu der ruhigen Erzählweise, die durch lange Passagen, in denen nur diegetischer Ton und Sound zu hören sind, in ihrer Nüchternheit und Einfachheit unterstützend betont wird, fin-

---

28 Timecode: 00:42:00-00:45:40.

den sich gezielt wiederkehrende musikalische Motive und Klänge, die vormals in jenen Szenen auftauchen, die atmosphärisch hervortreten. Als musikalisches Leitmotiv der ersten Hälfte des Films tun sich die zarten Klänge eines Xylophons, Teil aus Carl Orffs *Musica Poetica*, hervor, die sich durch Leichtigkeit und Verspieltheit auszeichnen. Die Töne erklingen in einem steten, aber doch beschwingten Rhythmus, der die Bilder mit einem tänzerischen, schwebenden Gefühl untermalt, einem „Gefühl von Heiterkeit und Unbeschwertheit." (Bleek 2009: 193) Die Musik dient im Zuge dessen dazu, dem Film und seinen Themen von Mord und Entfremdung „etwas von seiner realistischen Schwerkraft zu nehmen und ihn in einer imaginären Gegenwelt zu verorten." (Kamalzadeh/Pekler 2013: 162) Die Leichtigkeit und der träumerische Klang des Xylophons stehen somit in scharfer Diskrepanz zu dem von Gewalt durchzogenen Plot. Die Musik entschärft gewissermaßen die im Bild nüchtern, fast beiläufig präsentierte Gewalt und lässt diese beinahe als unbedeutend, abstrakt, nicht greifbar erscheinen, sodass „die Atmosphäre des Films bei aller Gewalt in den Bildern weniger durch greifbare Brutalität geprägt ist als durch eine märchenhafte Stimmung." (Bleek 2009: 193) Aber nicht allein die Verbindung zum Visuellen ist für die atmosphärische Wirkung des Xylophons entscheidend. Vielmehr ist es die wiederholte Kopplung dieser Klänge mit Hollys Stimme, die eine träumerisch-schwelgische Sphäre schafft, in der Hollys Worte, so entrückt und unbeteiligt monoton sie selbst klingen, als Teil eines Raums von Assoziationen ertönen können. So wird dem Bild eine Sphäre von Klängen, musikalischen wie stimmlichen, gegenübergestellt, die über dieses sichtbare Bild hinaus räumlich transzendiert, eine atmosphärische Ausdehnung schafft, die über dem Film als Ganzem schwebt und ihn in einem nicht greifbaren, nicht sichtbaren Gefühls- und Assoziationsraum verortet.

Neben dem Motiv des Xylophons findet sich zudem hoch affektiv wirksame, bedeutungsschwer erscheinende kirchliche Chormusik, die, eingesetzt während des Niederbrennens von Hollys Haus, zu einer atmosphärisch religiösen Überhöhung des Gezeigten führt. Auffällig ist hierbei, dass die Kamera die Position eines nüchternen Beobachters einnimmt, der die brennenden Gegenstände sowie die Leiche des Vaters Detail für Detail in statischen Aufnahmen aneinanderreiht. Diese Szene ist dadurch losgelöst von der Perspektive der Figuren, denn deren Reaktion auf das Feuer wird nicht gezeigt. Diese Inszenierungsweise enthebt diese Szene ein Stück weit der Diegese, wodurch sie als eigenständig wirksame atmosphärische Einheit wahrgenommen wird. Aufgrund der bombastischen Intensität der religiösen Chorgesänge, des leuchtend satten Rottons des lodernden Feuers sowie den starren Einstellungen, die einen distanziert dokumentierenden Eindruck statt eines emotional involvierten Blickes vermitteln, entfaltet sich eine Atmosphäre der vorbestimmten Schicksalshaftigkeit, eines vorausdeutenden, zerstörerischen Fatalismus, die den folgenden Weg von Holly und Kit tönt.

Direkt nach dieser Szene gibt es einen Wandel in der Stimmung des Films, da jene verträumt anmutende Sequenz sich anschließt, in der sich Holly und Kit in einem Baumhaus im Wald ein Refugium einrichten.[29] Über einen akustischen Klangteppich verdichtet diese Sequenz Bilder von Ästen, Blättern, Käfern, Bäumen und sonnengetränkten Feldern zu einer märchen- und geisterhaften Stimmung: Aus dem Wechsel von leichtfüßig verspielter, rhythmischer Xylophonmusik, dem Einsatz eines Popsongs, zu dem beide tanzen, sowie Passagen, in denen nur die Umgebungsgeräusche des Waldes wie Blätterrascheln, Vogelgezwitscher oder Wasserplätschern des Flusses vernehmbar sind, entspannt sich ein sinnlicher Assoziationsraum der Leichtigkeit und Sinnlichkeit, der in eine Art traumartige Trance abzugleiten scheint. So fantasiert Holly selbst anhand alter Fotografien über ihre Zukunft, fällt dabei in eine Art träumerisches Schwelgen und assoziiert die Geräusche der raschelnden Blätter mit geisterhaften Stimmen („When the leaves rustled overhead it was like the spirits were whispering about all the little things that bothered them."). Bald darauf erklingen innerhalb der extradiegetischen Musik eben solche Flüsterstimmen gepaart mit dynamischen Chorgesängen, die eine mythische, magisch angehauchte Stimmung verbreiten. Die flüsternden Stimmen erklingen aus dem Off wie Waldgeister aus einer Sphäre des Fantastischen, die erregte, teils angstvolle Vorboten des kommenden Unheils sind. Hierin findet sich eine Vertonung der Mitternachtsszene aus Goethes Faust, in der dieser von vier Geistern heimgesucht wird. (vgl. Bleek 2009: 194) Die idyllische Atmosphäre der Baumhaussequenz wird bereits vor dem Erklingen dieser flüsternden Stimmen wiederholt gebrochen durch die stetigen Zeichen der Bedrohung der Harmonie von innen (Holly: „I wished he'd fall in the river and drown so I could watch.") sowie von außen, sei es durch Fallen, die die beiden präparieren oder Kits ständig präsenter Schusswaffe. Als die Eindringlinge, die ihr Versteck entdecken, sich schließlich schleichend durch das undurchdringliche Dickicht von Büschen, Baumstämmen und

29 Timecode: 00:29:05-00:38:10.

Ästen nähern, verweben sich die Klänge von flüsternden Stimmen und Xylophon „auf vielschichtige Weise mit dem greifbaren Szenario von Bedrohung und Gewalt.“ (ebd.) Durch diesen atmosphärisch sehr wirksamen und ungewöhnlichen Einsatz der auditiven Ebene „[entsteht] [d]urch die Subversion unserer konventionellen Wahrnehmung [...] Raum für eine träumerische und imaginative Bilderfahrung.“ (ebd.)

Die auditive Gestaltung in BADLANDS dient, wie an diesen Beispielen veranschaulicht, nicht vorrangig der Dramatisierung des Narrationsverlaufs, etwa um Spannung zu erzeugen, noch ist sie begleitende Hintergrundmusik. Vielmehr fungiert sie zur Schaffung eines eigenen atmosphärischen Empfindungsraums, der sowohl Hollys Stimme vom Leinwandgeschehen abhebt, als auch dem Film an sich aufgrund des grundlegenden spielerischen, märchenhaften Klang der Musik eine Atmosphäre der verträumten Entrücktheit verleiht, die sowohl mit Passagen von nüchterner Stille als auch mit den gezeigten Mordtaten innerhalb des Plots kontrastiert.

In TO THE WONDER hingegen wird das explizite vermehrte Ausbleiben der Musik in der zweiten Hälfte atmosphärisch eingesetzt. War zuvor der Film durchwoben von dynamischen, reichhaltigen Klängen, prallen die dadurch evozierten Stimmungen der Beschwingtheit und Bewegung nun auf Momente der Stille und des Schweigens, die als Räume „akustischer Leere” (Mauer 2006: 346) nachhallen.

4.1.2.2.5 Kälte und Wärme – Farbakzente

Wechsel in der farblichen Gestaltung des Bildes fungieren in Malicks Filmen vor allem, um Stimmungen von Wärme gegen jene der Kälte zu stellen. Nicht selten gehen diese einher mit dem Wechsel von Jahreszeiten. So sind Zeiten der Entfremdung und Distanz zwischen Protagonisten in den kalten Jahreszeiten mit kühlen Blau- und Grautönen angelegt. Momente der Leidenschaft und Liebe zwischen den Charakteren hingegen werden in Bilder voll warmer Gelb-, Rot- und Brauntöne getaucht. So fungiert die farbliche Tönung der Bilder als atmosphärische Spiegelung der Gefühlsebenen der Protagonisten und ist somit narrativ motiviert. Dramaturgisch relevant werden atmosphärische Farbwechsel auch in DAYS OF HEAVEN:

Braun-, Gelb-, Gold- und Rottöne erzeugen in jenen Szenen, die die Arbeit der Farmhelfer auf den Weizenfeldern in Mittags- oder Abendsonne zeigen, eine idyllische, romantische Stimmung, die die ersten beiden Drittel des Films dominiert. Die reichen, gesättigten, warmen Farben der Erntefelder werden sodann kontrastiert mit kühlen Blautönen, in die die Endsequenzen des Films getaucht sind. Unterstützt durch dunkle, graue Rauchschwaden von Asche wird die Farm durch diese Inszenierung zu einem Ort der (Gefühls-)Kälte, der Zerstörung und Kargheit gewandelt. Auch die Bilder von Bills Flucht und Tod sind in kalte Blautöne getaucht, um den Bruch in der Atmosphäre zu einer Stimmung von Isolation, Feindlichkeit und Tod zu betonen. (vgl. Abb.13)

Ganz anders wird die Farbe Blau hingegen in THE THIN RED LINE atmosphärisch wirksam. Die Erinnerungen von Bell an seine Frau stechen als atmosphärische Einschübe durch ihre farbliche Gestaltung hervor, da sie teils in Blautönen gehalten sind, die sich deutlich abheben von den „unzählbaren Schattierungen von Grün“ (Mihm 2000: 44) der Dschungelszenerie. Das Motiv des Wassers durchzieht denn auch diese Erinnerungsfragmente ebenso wie Bells innere Stimme die Verbundenheit mit seiner Frau mit Wasser vergleicht („We. Together. One being. Flow together like water 'till I can't tell you from me.“). Die fließenden Bewegungen der Liebenden wecken ebenso Assoziationen zu Fluidem, wodurch die Farbe Blau in Verknüpfung mit Wasser und den Blicken in die Ferne über das Ufer oder aus Fenstern zum blauen Himmel als atmosphärisches Zeichen für Liebe, Reinheit, Harmonie, Frieden und romantischer Sehnsucht codiert ist.

Auch in jenen Momenten, in denen Private Witt mit den Eingeborenen unter Wasser schwimmt, wird Blau nicht mit Kälte assoziiert, sondern stattdessen neben innerem Frieden und Reinheit mit Klarheit und Frische.

4.1.2.2.6 Lichtstimmungen und Lichtmetaphorik

Malick bevorzugt in seinen Filmen die Verwendung natürlichen Lichts, sodass sich vor allem über das Einfangen von Sonnenlicht zahlreiche Lichtstimmungen in seinen Filmen entfalten. In THE THIN RED LINE etwa wird die Dschungelszenerie dominiert von undurchdringlichen Schatten, die vereinzelt von Lichtstrahlen durchbrochen werden. Das Licht hat dabei eine heilende, göttlich anmutende Ausstrahlung. Auch Bilder von Kerzen- oder Streichholzflammen und Funken reihen sich ein in eine Lichtsymbolik und -metaphorik, die auf der inhaltlichen Ebene durch die wiederholte Verwendung v.a des Wortes „spark“ gespiegelt wird und zur spirituell angehauchten Tönung des gesamten Films beiträgt. Sämtliche Filme Malicks werden von Einstellungen des Lichts durchdrungen, seien es Lichtstrahlen, die sich ihren Weg durch Baumkronen und Blätter bahnen, Sonnenlicht, das durch Wolken scheint, oder Licht, das durch Wasseroberflächen hindurch einfällt und dabei eine „[d]reamy translucence“ (Silberman 2003: 168) ausstrahlt. In diesen Augenblicken wird das Licht als etwas Durchscheinendes wahrgenommen, das den Raum durchdringt sowie von einer fernen, teils verdeckten, nur zu erahnenden Lichtquelle ausgeht und transzendiert. (vgl. Abb.14)

Ein gleißend weißes Licht, das alles verschluckt oder Licht, das durch Fenster fällt oder am Ende eines Tunnels erscheint (vgl. Abb.15) hingegen macht auf die räumliche Dimension der Lichtwirkung aufmerksam, die den filmischen Raum tönt. Hierbei wird das Licht als ein Erstrahlen wahrgenommen, das einerseits räumliche Konturen gänzlich verschwinden lässt und ihm so eine surrealistische Nuance anhaftet, andererseits im Kontrast zu dunklen, undurchlässigen Flächen und Gestalten einen Fluchtpunkt visualisiert, der eine Art reinliche, erlösende, anzustrebende Klarheit verspricht.

Oftmals wird das Licht in Gegenlichtaufnahmen in Szene gesetzt, die durch den Kontrast mit Materialien und Körpern, auf die das Licht trifft oder die es durchdringen muss, sowohl eine räumliche Wirkung entstehen lassen als auch eine gewisse Ästhetisierung des natürlichen Lichts zur Folge haben. Dabei ist „das Licht an den Dingen […] wesentlich dafür verantwortlich, wie sie uns anmuten.“ (Böhme 2006: 103) Dass „durch das Miterscheinen des Lichts das In-Erscheinung-Treten der Dinge spürbar wird“ (ebd.: 102) wird sichtbar, wenn das Licht der Nachmittagssonne Felder in warme, goldene Töne taucht oder Licht sich auf Wasseroberflächen reflektiert, wobei durch das Glitzern die Erscheinung des Wassers verzaubert anmutet. So sind Malicks Filme geprägt von einer Lichtmetaphorik, die Licht mit Atmosphären der Transzendenz und Spiritualität in Verbindung bringt. Diese Lichtsymbolik ist Teil einer metaphysischen Aufladung der Filme, wobei dem Stimmungscharakter des Lichtes eine teils verklärende Wirkung zukommt, die Dinge und Menschen und vor allem Naturphänomene erhöht und zum Strahlen bringt, als ob von ihnen selbst ein inneres Leuchten ausgehe.

Lichtakzente künstlichen Lichts hingegen verwendet Malick vor allem in Nachtszenen und Momenten der Dunkelheit, um eine träumerische, melancholische, einfühlsame Stimmung hervorzurufen. Das Licht wirft hierbei als Erscheinung des (An-)Scheinens und (Er-)Leuchtens die Protagonisten auf sich selbst zurück, die Umgebung verschwindet im Dunkel. Dabei zeigt sich das Licht als Beleuchtung, bei der das Licht die Charaktere „in Licht besonderen Charakters [taucht], das die Erscheinung von allem eigentümlich tönt." (Böhme 1998: 38) So tanzen Holly und Kit im Scheinwerferlicht ihres Wagens gedankenversunken inmitten der Weite der Prärie, die in diesen Momenten jedoch durch die Lichtsetzung ein kleiner privater Raum geworden zu sein scheint. Die Konzentration des Lichtes auf die Gesichter tönt diese in einer anheimelnden Erscheinung. (vgl. Abb.16)

Einen besonderen Stellenwert nimmt in Malicks Filmen die teils märchenhaft, weltvergessen und romantisch anmutende Lichtwirkung von Himmelspanoramen der Abenddämmerung ein, deren atmosphärische Wirkung im Folgenden anhand von DAYS OF HEAVEN veranschaulicht werden soll. Dieser Film zeichnet sich vor allem anderen durch Lichtstimmungen aus. Fast ausschließlich in natürlichem Licht gedreht, sind es jene zahlreichen Aufnahmen in der Abenddämmerung, in denen sich der Himmel in träumerische Farbverläufe von Rot- und Gelbtönen taucht, die für den stilistischen Look und die Atmosphäre bestimmend sind.

Das Motiv der Dämmerung kann als „ikonische[s] und indexikalische[s] Zeichen für Atmosphäre oder Stimmung" (Becker 2010: 13) gelesen werden, dem eine „besondere Affizierungsmacht [inhärent ist], die schneller und unvermittelter in persönliche Stimmungen übergeht als eine des künstlichen Lichts[.]" (Hasse 2012: 125) Malick bedient sich somit der Dämmerung als atmosphärischer Naturerscheinung, jener kurzen Übergangsphase, nachdem die Sonne hinter dem Horizont verschwunden ist, das abnehmende Licht der Sonne den Raum aber noch tönt. Diese Abendröte, dieses Nachleuchten des Sonnenlichts, ohne dass die Quelle des Lichts sichtbar ist, verleiht dem filmischen Raum eine diffuse Ausleuchtung, die dennoch alle Winkel des filmischen Raums auszufüllen scheint. Böhme beschreibt die Dämmerung als „eine Atmosphäre par excellence" (Böhme 1998: 32): Ebenso wie eine Atmosphäre stimmt die Dämmerung einen Raum, füllt ihn aus, breitet sich in ihm aus und ist dabei selbst etwas Räumliches ohne feste Grenzen. (vgl. ebd.: 22) Diese randlose Ergossenheit der Dämmerung, um die Terminologie von Schmitz aufzugreifen, hat demnach eine „Änderung der räumlichen Umgebung" (ebd.) zur Folge. Die Weizenfelder in DAYS OF HEAVEN werden so durch das Dämmerungslicht in einen schwebehaften Zustand des Übergangs getaucht, ein Transzendieren vom Einen ins Andere. Es entsteht so eine meditative, friedliche Stimmung, eine Zeit der Besinnung, Einkehr und Stille. So stehen Momente in der Abenddämmerung im Film im Kontrast zu den in gleißendes Sonnenlicht getauchten Bildern der täglichen Geschäftigkeit auf den Feldern. Die einbrechende Kühle der Dämmerung wird dabei gepaart mit einer friedvollen Stimmung, in der einzelne Geräusche und Töne wie die Stimme eines Priesters oder das Zirpen von Grillen durch die besinnliche Stille erklingen, ganz im Gegensatz zu den laut dröhnenden Erntemaschinen am Tage.

Die Dämmerung bildet zudem eine Relation, ein Zwischen zwischen Tag und Nacht, einen Übergangszustand aus, der flüchtig und nicht greifbar ist. In dieser Phase des Übergangs von Tageslicht zu Dunkelheit, in der das Licht sukzessive schwächer wird, breitet sich ein leibliches Raumgefühl aus, „das in die Weite ström[t]" (Hasse 2012: 125). Die raumgreifende Ausbreitung der Dämmerung „läßt das Gefühl in die Weite zerfließen" (Böhme 1998: 31), was wiederum zur Folge hat, dass die Figuren und Dinge im Bildquader als flüchtige Fixpunkte im Raum hervortreten. Sämtliche Dinge im Raum einhüllend, werden diese Dinge gewissermaßen auratisiert, da sie durch das abnehmende Licht der einfallenden Dämmerung ihre Gegenständlichkeit verlieren und sich zu schemenhaften Gestalten und Andeutungen im Raum auflösen. (vgl. ebd.) In fahlem, dunkel getöntem Licht erscheinen die Gesichter der Protagonisten in Schafetten schwachen Lichts im Verschwinden begriffen zu sein, in einem flüchtigen Moment eingefangen, bevor die Tönung des Lichtes bald den gesamten Raum erfüllt und die Menschen vollständig in den Hintergrund absorbiert. (vgl. Abb.17) Indem Farbkontraste in dieser „Schwäche und Blässe der Beleuchtung" (Böhme 1998 : 27) verschwinden, „*tingiert* [die Dämmerung] alle Dinge, färbt sie eigentümlich ein, macht sie fremd." (ebd.: 29) Der letzte verbliebene Kontrast, jener zwischen den dunklen Gestalten der Figuren vor der zwar abnehmenden, jedoch gerade noch vorhandenen Ausleuchtung und Helle des Himmels, lässt sie wie schwarze, teils fast geisterhafte Silhouetten wirken. Dem visuell eindeutig Sichtbaren, Ausdifferenzierbarem im Bild beraubt, „werden auch die Grenzen der Sinne [des Zuschauers] diffus, und Wahrnehmung wird reduziert auf ihr erstes und letztes: ein ahnungsvolles Spüren." (ebd.: 32) Die Bilder der Dämmerung, die in zahlreichen Filmen Malicks zu finden sind, müssen so innerhalb der „ahnungsvolle[n] Unbestimmtheit der Dämmerungswahrnehmung" (Böhme, 2006: 59) über ihre atmosphärische Wirkung mehr erspürt als betrachtet werden.

4.2 Narrative Elemente der Atmosphäre – Atmosphäre als Handlungträger

> Die schönsten, die nachhaltigsten Momente, die umso mehr zur hypnotischen Gesamtwirkung seiner Filme beitragen, spielen sich bei Malick ohnehin eher am Rande dessen ab, was man gewöhnlich die 'Geschichte' nennen würde. (Mihm 2000: 44)

Diese Momente am Rande avancieren bei Malick vor allem in seinen späteren Filmen durch ihre atmosphärische Ausschmückung zum Zentrum der Narration, zum Zentrum dessen, was man gewöhnlich die Geschichte nennen würde, was sich bei Malick aufgrund seines Erzählstils jedoch als nicht so gewöhnlich darbietet.

Von narrativen Strukturen an sich zu sprechen ist vor allem bei Malicks neueren Filmen insofern schwierig, als bedingt durch den Erzählfluss der Bilder das atmosphärische Auskleiden von Momenten und Assoziationen als Teil des atmosphärischen Erlebnisses der filmischen Umgebung sowie des Im-Moment-Seins der Innerlichkeit der inneren Stimmen zum elementaren erzählerischen Duktus wird. Dieser Erzählstil wird ihm in Rezensionen immer wieder vorgehalten, da die Konzentration auf die visuelle Ausdruckskraft der Bilder dazu führen würde, „that the images threaten to engulf the narrative[.]“ (McCann 2003: 78) Zuschreibungen wie „inhaltsleere[r] Schönschriftfilm[]“ (Cicero online: o.S.) zeugen von dem Versuch, Malicks Filme mit narratologischen Theorien fassen zu wollen, die Filme im Sinne rein narrativer Texte dramaturgisch und strukturell gliedern, und dabei filmspezifisch stilistische Gestaltungen vernachlässigen. (vgl. Lee 2002: o.S.) Ein Film wie THE NEW WORLD „der in seinen Verkoppelungen äußerst lose ist, [gleitet] einem ein ums andere Mal unter den Händen weg“ (Elsaesser/Hagener 2008: 145), will man ihn etwa anhand von Plotdramaturgien analysieren. „[A]s their primary concerns are not plots and characters with complex psychologies“ (Lee 2002: o.S.), konzentrieren sich Malicks Filme auf die filmstilistische Ausgestaltung, die Atmosphären über visuelle, auditive, rhythmische sowie taktile und somatische Eindrücke sinnlich erfahrbar macht.

Ist über die gesamte Länge oder weite Teile eines Films die Atmosphäre auf diese Weise exponiert und wirksam, findet eine Verschiebung der Bedeutung klassischer, eine filmische Narration konstituierender erzählerischer Elemente statt. Dass sich solch atmosphärisch gestaltete Filme „der Unterwerfung unter die Narration verweigern“ (Seeßlen 1998: 123), meint, dass sie nicht der klassischen Inszenierungsweise mit dem Primat der Narration folgen. Diese folgt etwa Maximen von struktureller und kausaler Kohärenz von Plot und Story sowie dramaturgischen Theorien, die einem strukturellen Aufbau einer Narration mit Exposition, Plot Points, Klimax und Auflösung folgen, deren Elemente und Szenen allesamt in ihrer Funktion der Narration untergeordnet sind, um diese voranzutreiben. (vgl. Elsaesser/Hagener 2008: 60ff.) Tritt nun stattdessen die atmosphärische Gestaltung in den Vordergrund, tritt das Bild mit seinen atmosphärischen Wirkungen selbst hervor, „und zwar sowohl in der einzelnen Komposition als auch in der Bewegung." (Seeßlen 1998: 123) Atmosphäre kann also in gewissem Maße eine eigene Erzählinstanz werden, indem sie erfahrbar wird als die Dynamik und treibende Kraft des Erzählflusses eines Films. Dadurch eröffnet sich eine Meta-Ebene, bei der die Atmosphäre einerseits direkt ausgestellt wird und nicht als begleitendes Element fungiert. Andererseits entspinnt sich ein reflexives Spiel mit den Möglichkeiten, wie ein Film das Gezeigte präsentiert, sodass es scheint, als ob „der Film selber atmet" (ebd.). Dass die Filme von Malick auf diese Weise „challenges to the conventional understandings of cinematic narrative" (Lehtimäki 2012: 120 f.) darstellen, eröffnet die Chance und Notwendigkeit, das Augenmerk auf die stilistisch-atmosphärischen Elemente in der Funktion von Handlungsträgern und dramaturgischen Mitteln selbst zu legen.

In Malicks Gesamtwerk lässt sich eine Entwicklung erkennen von stringent und chronologisch erzählten Narrationsverläufen in den beiden Frühwerken BADLANDS und DAYS OF HEAVEN hin zu einem sich sukzessive in seiner Radikalität immer mehr steigernden fragmentierten und episodischen Erzählen. Selbst in den frühen Filmen steht jedoch auch die Art und Weise des Erzählens im Vordergrund, sodass insbesondere auch dort ein Spannungsverhältnis entsteht zwischen Atmosphärischem und Narrativem.

Der Film BADLANDS zeichnet sich durch seine Diskrepanzen, Spannungen und Brüche in der atmosphärischen Gestaltung aus. Zwischen mehreren gestalterischen Ebenen und Elementen entspannen sich atmosphärische Kontrapunkte, die eine gewisse Unsicherheit gegenüber der atmosphärischen Ausrichtung des Films im Gesamten zur Folge haben. Der Film erscheint „auf irritierende Weise uneinnehmbar: Die Perspektive auf das gewaltvolle Geschehen bleibt eigentümlich gelassen, entrückt[.]" (Kamalzadeh/Pekler 2013: 159) Dies ist vor allem der atmosphärischen Auskleidung des Films geschuldet. Denn trotz der klassisch narrativen

Struktur werden atmosphärische Momente intensiver inszeniert als vermeintliche dramaturgische Wendepunkte:

Das ohnehin ruhige Erzähltempo des Plots von BADLANDS kommt oftmals gar gänzlich zum Stehen, wenn Momentaufnahmen die Überhand gewinnen und es zu Momenten „purer Atmosphäre" (Hartmann 2012: 140) kommt, in denen der Plot in den Hintergrund tritt. Diese Sequenzen können in BADLANDS deutlich herauskristallisiert werden. Sie umfassen das Niederbrennen von Hollys Haus, den Rückzug von Holly und Kit in den Wald und die darauffolgende Entdeckung der beiden durch Kopfgeldjäger, jene Szenen, als Kit mit seiner Waffe über den Schultern den Sonnenuntergang beobachtet sowie der Tanz der beiden im Scheinwerferlicht des Wagens. Die Inszenierung legt in all diesen Momenten der Erzählung den Fokus auf die ästhetisch-stilistische Ausgestaltung der Augenblicke, d.h. mehr auf den Erzählstil als auf das Erzählte selbst. Markant ist, dass all diese atmosphärisch am stärksten hervortretenden Momente auf narrativer Ebene mit dem Innehalten und Pausieren von Holly und Kit auf ihrer Flucht korrelieren. Stillstand im Plot bietet so in direkter Linie Raum für Atmosphärisches. Dabei sind jedoch Narration und Atmosphäre nicht als zwei getrennte Elemente zu verstehen. Vielmehr sind gerade die atmosphärischen Momente bedeutsam für den Narrationsverlauf: Vermeintlich klassische Plot Points wie die Konfrontation Kits mit Hollys Vater (Warren Oates) etwa, in deren Verlauf Kit den Vater erschießt, werden inszeniert, als „handel[e] es sich dabei um einen dramaturgischen Baustein, dem Malick nur die allernotwendigste Aufmerksamkeit schenkt." (Kamalzadeh/Pekler 2013: 161) Denn worauf Malick in diesem Beispiel etwa das Augenmerk lenkt, ist der abrupte Wechsel von der Beiläufigkeit des Mordes hin zur intensiven atmosphärischen Ausschmückung des darauffolgenden Abbrennen des Hauses, was als einmaliges Aufflammen einer religiösen und fatalistischen Atmosphäre innerhalb dieses Films gedeutet wurde.

Über den gesamten Film verteilt finden sich Brüche zwischen der märchenhaft anmutenden, leichtfüßigen, teils verträumten Atmosphäre auf der einen und der teils distanziert kühlen Atmosphäre der Entrücktheit auf der anderen Seite, die vor allem durch Hollys Stimme in Kombination mit Xylophonklängen evoziert werden. Zudem findet sich jedoch auch ein Kontrast dieser Atmosphären mit der Atmosphäre latenter Gewaltbereitschaft durch Kit. Letztere entfaltet sich vor allem durch die im Verlauf der Narration wiederholte Fokussierung von Kits Waffe. Sei es, dass Kit die Waffe hervorholt, um einen Fisch zu erschießen, die Waffe neben ihm liegt, während er schläft oder er sie zückt, um einen Ball kaputtzuschießen: Der

Griff zur Waffe sowie die Waffe selbst werden atmosphärisch aufgeladen. Im Sinne der Ekstasen des Dinges strahlt die Waffe über sich selbst hinaus auf den filmischen Raum aus und trägt maßgeblich zur den Film durchziehenden Stimmung von abstrakter Gewalt bei. Diese atmosphärische Aufladung, die explizit außerhalb der Mordszenen platziert ist, steht mehr im Fokus als das narrative Geschehen der Gewalttaten selbst, denn diese werden im Gestus einer auffälligen Flüchtigkeit und Nebensächlichkeit inszeniert. So steht die atmosphärische Ausgestaltung einerseits teils im Kontrast zum Plotgeschehen, andererseits zeigen sich auch Brüche innerhalb des Wechsels verschiedener Atmosphären selbst, die zur treibenden Kraft der Narration avancieren.

Auch die atmosphärische Gestaltung von THE THIN RED LINE tut sich hervor, „in resisting reduction to any such dramatically cumulative, plot-driven, character-centered narrative." (Schneider 2004: 178) Der elliptisch und fragmentiert erzählte Plot zeigt sich als mäandernder Wechsel teils nur lose miteinander verbundener narrativer und atmosphärischer Elemente und Erzähleinheiten. Die Einschätzung, „[that] the film's structure and pace seem designed to deliver something other, and more, than just a plot" (ebd.: 179), verweist auf die sinnlich-atmosphärische Erfahrung, die der Film innerhalb seines „uncentered and ultimately unnarrativizable network of punctual moments and singular experiences" (ebd.) bietet. Vermeintliche „Unterbrechungen" der Narration durch „Leerstellen, Rückblenden [...] und perspektivische[] Verschiebungen" (Kamalzadeh/Pekler 2013: 173) öffnen dabei einen atmosphärischen Raum, der teils selbst zum handlungsbestimmenden Element der Dynamisierung avanciert.

Die inneren Stimmen speisen sich dabei oftmals nur für einige Momente in bestimmte Erzählabschnitte ein, ohne einen eindeutigen Rahmen für diese zu bilden. Im Zuge dessen treten manche Figuren für einige Momente in den Fokus der Aufmerksamkeit, indem sie kurzzeitig eine innere Stimme verliehen bekommen und so der Schaffung eines atmosphärischen Moments dienlich gemacht werden. Nicht die narrative Entwicklung oder die Ausleuchtung der Motivationen der Charaktere steht dabei im Zentrum. Stattdessen bildet die Fokalisierung dabei kurzzeitig eine Art atmosphärisches Zentrum, eine atmosphärische Verdichtung aus, die die atmosphärische Wirkung in den Vordergrund vor die Narration rückt. Die Anknüpfungen der Stimmen an das narrative Geschehen sind dabei teils lose, sodass „an almost hallucinatory sense of displacement" (Ebert 1999: o.S.) entsteht, eine atmosphärische Metaebene der inneren Reflexion. Gepaart damit entsteht im Verlaufe des Filmes ein Wechsel zwischen atmosphärisch hervortretenden Szenen der kontemplativen Ruhe, in denen Einstellungen „der Natur, von Einheimischen, von Tieren, Sonnenstrahlen, Blättern und dem allgegenwärtig sanft wogenden Schilfgras“ (Röwekamp 2011: 185), kontrastiert werden mit den Sequenzen der Kampfhandlungen. Die atmosphärische Inszenierung der inneren Stimmen ist dabei durchaus fließend eingespeist in diese Sequenzen, wenn diese „leisen poetischen Sequenzen, die Zeit zum Durchatmen lassen“ (Kronemeyer 2006: 341) fließende Rhythmus- und Dynamikwechsel innerhalb der Narration hervorrufen. Wie diese atmosphärischen Wechsel bzw. Brüche, teils gekoppelt an das Erklingen innerer Stimmen, zu einem dramaturgischen Mittel werden können, soll die folgende Analyse der Sequenz der Erstürmung des Lagers der Japaner durch die Amerikaner veranschaulichen.[30]

Ein kontemplativer, besinnlicher, entschleunigter Moment des Verweilens, in dem Witt das Gesicht eines halb in der Erde versunkenen toten japanischen Soldaten betrachtet, dessen Stimme aus dem Jenseits ertönt und ihn direkt anzusprechen scheint, ist von einer geisterhaften, gespenstischen Atmosphäre durchzogen, bei der sich das Bewusstsein eines Toten in die Sphäre der erklingenden Stimmen der Lebenden einwebt. Dunst- und Rauchschwaden ziehen an dem reglosen Gesicht der Leiche vorüber, während seine Stimme begleitet wird von einem unruhigen, schnellen Ticken in gleichmäßigem Rhythmus im Hintergrund. Es folgen Bilder der von (Kriegs-)Feuer zerstörten Natur und der Sonne, die in einen braungrauen dichten Schleier des Feuerrauches eingehüllt ist, bevor die Kamera sich ein paar Einstellungen später langsam einem träumerisch, zauberhaft anmutenden nebelverhangenen Wald nähert. Die Einstellung des durch Baumwipfel einfallenden Sonnenlichts, transzendental anmutend und zugleich von fernem Licht kündend, das sich durch Nebelschwaden hindurch kämpft und teils verschluckt wird, markiert das räumliche Betreten des Waldes ebenso wie die atmosphärische Einführung der Szenerie. Das weiterhin im Hintergrund zu hörende unablässige Ticken, begleitet von an- und abschwellender Streichermusik, und die darauffolgenden Bilder der Soldaten, wie sie sich im dichten, nebelverhangenen Wald einen Weg bahnen, steigern eine angespannte, spannungsgeladene Stimmung. Der die Soldaten umgebende Wald verschwindet zusehends hinter einem Dickicht aus blaugetöntem Nebel, sodass sich eine Atmosphäre von Verunsicherung über die Szenerie legt. Die atmosphärische Erscheinung des Dunstes, die

30 Timecode: 01:42:58-01:50:44.

im Folgenden erläutert wird, erzeugt einen physisch greifbaren, aufgrund seiner Dichte leiblich bedrängenden und zugleich surreal anmutenden Zwischenraum, den die Protagonisten überwinden müssen. Das dadurch entstehende jähe „Abdrängen der Außenwelt in eine ferne Unbestimmtheit" (Böhme 2006: 74) weist die Szene als abrupten atmosphärischen Bruch aus.

Dunst und Nebel bewirken als „Phänomen[e] des Übergangs" (ebd.: 66) eine zeitweilige Trübung der Atmosphäre durch feinste Wassertröpfchen. Definiert als „Wahrnehmungsmodifikation, die eine emotionale Tönung des Raumes mit sich bringt" (ebd.: 67), fungiert die Inszenierung des Dunstes in THE THIN RED LINE als ästhetischer und optischer Effekt, der den filmischen Raum mit einem undurchdringlichen Schleier ausfüllt. Das Innere des Waldes ist dabei in eine kalte, blaue Tönung durchbrochen von Stafetten von Grau eingehüllt, die in ihrer kompakten Dichte die Sicht auf das Umliegende nimmt. Vereinzelt auszumachende Baumstämme, Blätter und Äste erscheinen lediglich als schemenhafte Konturen, die in Grautönen ineinander übergehen. Die Diffusität, Unschärfe und Unbestimmtheit der Grenzen der Dinge im Bild, welche durch Dunst- und Nebelschleier hervorgerufen werden, lassen den Nebel selbst in seiner Materialität und voluminösen Ausdehnung innerhalb des filmischen Raumes in Erscheinung treten. Durch die in bläuliches Licht getauchte Tönung des Blickfeldes wird er in Form von einzelnen Schwaden quasi greifbar, die sich vor und um die Körper der in ihm verschwindenden Soldaten legt, diese vollends umgibt, einhüllt und verschlingt. Sind die Protagonisten jedoch als einzige erkennbare Gestalten konturenhaft im Vordergrund des Bildes positioniert, wird der Nebel als undurchsichtige, teils flächig anmutende Wand, die Sicht und räumliche Tiefe nimmt, wahrgenommen. (vgl. ebd.: 66 f.) Der dichte Dunst reduziert dabei die Erschließung des Raumes durch die Protagonisten auf ihre auditive Wahrnehmung. In der gedämpften Stille werden Umgebungsgeräusche wie Vogellaute sowie kleinste Bewegungen der Soldaten selbst hörbar und der sich nähernde Feind zuallererst durch vereinzelte Schüsse wahrgenommen, deren Knall sich in den Tiefen des Nebels verliert und doch bedrohlich nahe kommt. Die Soldaten bewegen sich durch den Nebel und treten dabei sporadisch aus der Unbestimmtheit, dem dichten Schleier, einer unbestimmten Nähe oder Ferne hervor, werden kurz sichtbar, gleichsam schwebenden Gestalten, und verschwinden wieder. (vgl. ebd.: 70) (vgl. Abb.18)

Wo die Sicht genommen ist, öffnen sich Räume für Assoziationen, Einbildungen und Ahnungen, wodurch aufgrund der Unsicherheit über Ferne oder Nähe des Feindes eine unheimliche, bedrohliche Atmosphäre entsteht. Durch seine Ausbreitung im Raum respektive im Bild erschafft der Nebel zudem direkt sichtbare Relationen zwischen den Protagonisten und ihrer Umgebung. Aufgrund der „taktile[n] Sichtbarkeit" (Becker 2010: 183) des Dunstes bzw. Nebels wird die Relation zwischen Subjekt und Objekt, als die Atmosphäre an sich definiert ist, im Bild medial sichtbar gemacht: Indem die physische und visuelle Ausfüllung des Raumes Subjekt und Objekt gleichermaßen tangiert, deren „Erscheinungsweise [...] modifiziert, Differenzen [zwischen ihnen] verschwinden lässt oder zumindest abschwächt bzw. vermittelt" (Böhme 2006: 69), werden diese so zu einer Einheit verbunden. Diese einheitliche Tönung, die Kontraste vermindert, wird dabei in der Zusammenwirkung des Dunstes mit Licht geschaffen. (vgl. ebd.: 75) Lichtquellen werden in jener Szene in THE THIN RED LINE dabei nicht als solche wahrgenommen, sondern treten als schwacher, heller Schleier, als diffundierende Erscheinung eines Gegenlichtes im Hintergrund hervor, die sich randlos in einer Art raumgreifenden diffusen Ausleuchtung über das Bild legt und dem Nebel an sich eine hellblaue Lichttönung verleiht, in der sich einzelne Helligkeitsabstufungen zeigen. Jene Einstellungen, in denen sich einzelne Lichtstrahlen deutlicher abzeichnen, machen die Stofflichkeit der Wasserpartikel und somit das Raumausfüllende des Nebels deutlich und versehen die Szenerie mit Anflügen einer mystischen Lichtstimmung.

Sobald die ersten nicht genau zu lokalisierenden Schüsse gefallen sind, verflüchtigt sich der Nebel so schnell, wie er aufgetaucht ist, und die Amerikaner stoßen in das Lager der Japaner vor. Abrupter Wechsel vom dominierenden Blau des Nebels zu Braun- und Grüntönen sowie eine enorme Steigerung in Schnitttempo und Dynamik der Kamerabewegungen haben eine sogartige Wirkung, die den Zuschauer geradezu in den Angriff hineinwirft. Die Kamera stößt in den Raum hervor und die schnellen Bewegungen der Soldaten kontrastieren das vorherige zögerliche Abtasten des Waldgebiets. Gepaart mit anschwellender Musik entwickelt sich ein intensiv atmosphärisches Szenario der sich schnell verändernden Eindrücke einer in die Narration einbrechenden Gewalt, der Zerstörungskraft und des Schreckens des Tötens. Die Kamera mutet an wie ein Suchender, der miteilt, um in diesem Inferno und Chaos, in dieser Unübersichtlichkeit und Schnelle der Aktionen Schritt halten zu können. Trotz der nun einsehbaren Fläche des hell erleuchteten Lagers stellt sich kein Gefühl von Übersicht oder gewonnener Orientierung ein. Es entsteht ein Hin und Her zwischen den Protagonisten und Perspektiven. Die Unruhe in den Kamerabewegungen färbt die Szene ein.

Das Tempo wird wieder entschleunigt, sobald das Ticken, das zwischenzeitlich durch die dominante Musik verstummt ist, sich wieder in den auditiven Vordergrund drängt und die Stimme von Train erklingt. Die Atmosphäre der Schnelligkeit und Zerstörung geht wiederum über in eine Stimmung der reflektierenden Innerlichkeit, da Train über den Ursprung des Bösen in der menschlichen Natur sinniert, während japanische Soldaten zusammengetrieben und erschossen werden, flehend und weinend, inszeniert in nun wieder längeren, ruhigeren Kameraschwenks und -bewegungen. Sämtliche diegetischen Geräusche außer einem Schuss werden ausgeblendet, während Trains Stimme zu hören ist. Die Schreie der Japaner sind verstummt, sodass der Fokus voll und ganz auf Trains Worten liegt und es zu einer Rückkehr zu der kontemplativen, besinnlichen, entschleunigten Stimmung des In-sich-Gekehrtseins kommt, die vor dem Betreten des Waldes jene Momente der jenseitigen Stimme des toten Japaners begleitet hatte. Die atmosphärischen Wechsel werden so zum dramaturgischen Element des Ineinandergleitens der Be- und Entschleunigung des narrativen Geschehens.

Der atmosphärische Erzählfluss der Momentaufnahmen und inneren Monologe, der Malicks Filme ab THE NEW WORLD, mehr noch ab THE TREE OF LIFE grundlegend durchzieht, „creates a chain of images forming a paratactic structure that calls for, rather than merely provides, a narrative.“ (Rybin 2012: 177)

Da diese Filme sich immer weiter vom narrativen Erzählen an sich entfernen und stattdessen über den Fluss der Bilder ihre „Erzählung“ vorantreiben, werden Wechsel in der atmosphärischen und rhythmischen Gestaltung des Be- und Entschleunigens gar zum alleinigen Handlungsträger. KNIGHT OF CUPS mutet trotz der narrativen Einteilung des Films in Kapitel wie ein Vorangleiten einzelner atmosphärischer Momente an, zwischen denen sich nur vage narrative Verknüpfungen finden lassen. Dabei zeichnet sich etwa THE TREE OF LIFE durch eine Vielschichtigkeit der atmosphärischen Gestaltung innerhalb des Bilderflusses aus, die zahlreiche Verschachtelungen von Stimmungen beinhaltet. So sind die beiden Eingangsatmosphären der Trauer und des Mythisch-Transzendentalen im Verlauf des Films mal mehr, mal weniger präsent. Dabei werden diese nicht gegen andere kontrastiert, sondern treten vielmehr in den Hintergrund, um an anderen Stellen wieder hervorzukommen. So sind über den Film verteilte, auf den in der Zukunft toten Bruder fokussierte Einstellungen durch die trauervolle Stimmung des Anfangs selbst atmosphärisch aufgeladen, bekommen durch die gezielt atmosphärische Einführung in die filmische Welt zu Beginn zusätzliche Bedeutung.

To the Wonder indes zeigt sich als Malicks Film, der am wenigsten narrative Informationen bereitstellt. Stattdessen geht es Malick darum, das Unaussprechliche zwischen den namenlosen Protagonisten durch die Atmosphäre (nach-)empfinden zu können. So werden Anlässe für Auseinandersetzungen zwischen den Protagonisten weder erläutert noch gezeigt, „eliminated in favor of the gestures, glances, and bodily motion that happen before and after the pivotal moment of conflict." (Koehler 2013: 8)

Der Film zeigt ein dynamisches Hin und Her in den Gefühlswelten der Figuren, Zustände und Momentaufnahmen des Glücks und der Trauer über Stimmungen in der jeweiligen Situation, Mimik und körperliche Interaktion. So wird durch die Entschleunigung der Beweglichkeit der Kamera, die ausbleibende musikalische Untermalung sowie den Wechsel in die von kalten Farben durchzogene Winterzeit ein Bruch nach der ersten Hälfte des Films nicht vorrangig über die inhaltliche Entwicklung herbeigeführt, sondern explizit auf der Ebene der filmstilistischen Inszenierung. Aufgrund dieser verändert sich die Atmosphäre zu einer Stimmung der Verlangsamung und Trostlosigkeit, der inneren Leere und Erstarrung, die mit der Bewegung in und zwischen den Bildern, der Reichhaltigkeit der musikalischen Gestaltung sowie der Farbenprächtigkeit der ersten Hälfte kontrastiert. So hinterlässt diese sinnliche Überbordung der ersten Hälfte in der zweiten eine Lücke, die nicht gefüllt bzw. mit Stille gefüllt wird. Das, was die Personen innerhalb der Diegese sagen, oder was mit ihnen geschieht, ist zweitrangig. Der Bruch in der Atmosphäre wird so zur treibenden Kraft der Erzählung.

5. Fazit

Man kann darüber streiten, ob sich die Atmosphären in Malicks Filmen auf subtile Weise entfalten, sodass sie nicht auf sich selbst und ihre gewollte Inszenierung aufmerksam machen. Die teilweise zu erkennende atmosphärische Überhöhung von Naturphänomenen, eine pathetisch anmutende Aufladung durch hoch affektive Choralmusik oder auch die Kameraarbeit, die in ihren teils abrupten Bewegungen selbst wahrgenommen wird, können als gewollt und intendiert wahrgenommen werden. Jedoch paart sich diese hohe Dominanz des Atmosphärischen mit einem Gefühl von Spontaneität, das vor allem dem fließenden Gestus der Momentaufnahmen geschuldet ist, indem sich Eindrücke sukzessive ausbreiten, verstärken und den mäandernd anmutenden Bewegungen der Kamera folgen. So mag man bei Malick nicht von prototypischen Darstellungen der Atmosphären sprechen. Sicherlich finden sich in seinen Filmen atmosphärisch wirksame Gestaltungsmittel, die oftmals in Filmen zur Evokation einer Atmosphäre eingesetzt werden, wie Farbgebung oder die Lichtstimmungen der Abenddämmerung. Diese werden jedoch überführt in eine insgesamt sehr sinnliche Präsentation der filmischen (Umgebungs-) Welten, sodass etwa die Dämmerungen als sinnliche Sphären des Raumes anmuten, in denen Atmosphäre und Räumlichkeit vom Zuschauer erspürt werden müssen. Man kann wohl davon sprechen, dass Malick aufgrund seiner Bildsprache und den wiederkehrenden Motiven im Verlaufe seines Schaffens eigene atmosphärische Codes entwickelt hat. Den Ausführungen von Balázs und Koebner folgend, können diese als jene (kleinen) Dinge und Details, die innerhalb einer filmischen Präsentation für die Schaffung einer filmischen Atmosphäre bedeutsam werden können, gedeutet werden.

Im Kontext dessen zeigen sich im Hinblick auf Böhmes Ansatz der Ekstasen des Dinges in Malicks Filmen einzelne Artefakte wie die Waffe von Kit in BADLANDS, jedoch vor allem die Fokussierung einzelner Naturphänomene, denen eine ekstatische Ausstrahlung innezuwohnen scheint. Vor allem in Kombination mit einer starken Lichtmetaphorik strahlen diese in den filmischen respektive den atmosphärischen Wahrnehmungsraum aus. Objekte und Details wie Haut, Finger, Pflanzen, Äste, Fenstervorhänge etc. erlangen durch die Betonung in der Bildinszenierung eine atmosphärische Wirkungskraft.

Auch die Figuren selbst können aufgrund ihrer Stummheit und Sprachlosigkeit innerhalb der Diegese und der stattdessen stattfindenden körperlichen Interaktion als Erscheinungen und Präsenzen wahrgenommen werden, deren Ekstasen über das Bild hinaus ausstrahlen. Man denke dabei an die kontemplative Ruhe, die von Private Witt in THE THIN RED LINE ausgeht, die engelsgleiche Anmutung von Mrs. O'Brien in THE TREE OF LIFE oder die Sinnlichkeit im Agieren von Pocahontas aus THE NEW WORLD. Dadurch gewinnen sie eine Mächtigkeit für die Atmosphären, die sie nicht nur als Figuren in der Szenerie, sondern als Präsenzen im Bild, respektive im filmisch-atmosphärischen Raum ausstellt, da sie vor allem über ihren sinnlich-gestischen Ausdruck kommunizieren und vom Zuschauer explizit durch ihre Sinnlichkeit charakterisiert werden.

Die atmosphärische Gestaltung der Filme Malicks lässt sich insgesamt nur teils mit den vorgestellten theoretischen Ansätzen und Annäherungen fassen.

Atmosphärische Dichte findet sich in Malicks Filmen vor allem, da die Erfahrung des „In-der-Welt-Seins“ der Figuren (Hartmann) einen hohen Stellenwert einnimmt, indem die Engführung und Homogenisierung von Figur und Umgebung (Wulff) vor allem über die äußerst sinnliche Verbindung der Figuren mit den Naturumgebungen inszeniert wird. Haptisches Erspüren der Umgebungen sowie somatisch fühlbare Raumqualitäten des Settings, die sich auch auf den Zuschauer übertragen, setzen die Figuren in permanente Relation und Berührung zu der sie umgebenden Szenerie. Die Umgebungen sind dabei teils als Externalisierungen des Inneren der Figuren zu deuten, wenn Jahreszeiten- oder Farbsymbolik die Umgebungen in warme oder kalte Gefühlswelten taucht. Jedoch zeigt sich bei Malick auch eine eigene atmosphärische Sphäre der Naturdarstellungen, die über die Montage losgelöst von Narration und Figuren eingespeist wird und eigenständige Momente purer Atmosphäre (Hartmann) hervorruft. Zugleich zeigen sich die atmosphärischen Wirkungen der Naturszenerien jedoch auch als eng verzahnt mit dem Narrativen, wenn etwa Atmosphären der Spiritualität, Transzendenz und des Pantheismus durch die Inszenierung, Metaphorik und Überhöhung einfallenden Sonnenlichts auch auf inhaltlicher Ebene gespiegelt werden.

Teils bemächtigt sich der „Hintergrund“ jedoch auch der Figuren und wird in seiner atmosphärischen Ausstrahlung als visuelles oder akustisches Zentrum des Bildausschnitts wahrgenommen. Seien es die Lichtstimmungen der Abenddämmerungen in DAYS OF HEAVEN, die die Figuren zu Schemen werden lassen, oder die akustischen Geräuschkulissen in KNIGHT OF CUPS oder TO THE WONDER, die eine Dichte und Fülle erlangen, aus der selbst die Figuren teils auszubrechen scheinen wollen.

Generell kann man von einer hohen atmosphärischen Dichte der auditiven Ebene in Malicks Filmen sprechen, da sich innere Stimmen mit extradiegetischer Musik und intensiven diegetischen Klanglandschaften abwechseln oder überlappen. Insgesamt kann die auditive Gestaltung seiner Filme teils als „reconfiguration of the relationship between sound and image" (Crofts 2001: 28) bezeichnet werden, da die Geräuschkulisse keine das Bild begleitende Funktion einnimmt, sondern sich selbst in den Wahrnehmungsfokus rückt und es dabei teils zu wortwörtlichen Vielstimmigkeiten, einer hohen Klangdichte sowie Kontrapunktierungen auditiver Ebenen kommt.

Dabei zeigen sich die synästhetischen Wirkungen einer Atmosphäre vor allem in der verschachtelten Wirkung der Klänge von inneren Stimmen, Musik und Geräuschkulisse mit den gleichzeitig darauf getakteten visuellen Bilderabfolgen und Kamerabewegungen. Paaren sich dazu dann noch Nahaufnahmen von Texturen oder Hautoberflächen, vereint Malicks Bilderfluss mehrere auditive Ebenen mit atmosphärisch aufgeladenen visuellen Impressionen bis hin zu räumlich-somatischen und haptischen Eindrücken. Diese Sinnesbereiche vereinen sich sukzessive etwa zu Atmosphären des Schwermuts, der Enge, der Weite, der Beweglichkeit, der Ekstase, der Intimität, Transzendenz oder des Religiös-Mystischen.

Die Voice-Over-Stimmen hingegen müssen bezüglich der atmosphärischen Dichte differenziert betrachtet werden: Einerseits sind sie Teil einer umfassenden Einfühlung in die Gestimmtheit der erzählten Welt, indem sie nicht nur innere Gedanken der Protagonisten, sondern vereinzelt auch die Narration überspannende Themen verdeutlichen. Andererseits treten die Sphären der inneren Stimmen als solche deutlich hervor, sodass sie einen akustischen Wahrnehmungsraum schaffen, der eine Atmosphäre der Innerlichkeit erklingen lässt, die als getrennt von der Handlung erscheint, als über ihr schwebend.

Diese Innerlichkeit der Stimmen schafft einen subjektiven Empfindungsraum und Wahrnehmungshorizont, der die Beziehung der Figur als entweder dicht verzahnt mit der filmischen Umgebung und Narration ausweist, wenn sie wie ein Bewusstsein, das aus den Bildern selbst spricht, anmutet, wie bei Private Train in THE THIN RED LINE. Dies wird jedoch auch gebrochen, wenn die Atmosphäre der Innerlichkeit zu Verschlossenheit gekehrt wird und zum Ausdruck der Weltentfremdung und Innenkehr der Protagonisten avanciert, wie bei Holly in BADLANDS oder Marina in TO THE WONDER.

Malicks Erzählstil über den Bilderfluss der Momentaufnahmen wiederum schafft Atmosphären fließender Bewegungsanmutungen, die über die rhythmischen Wechsel der Montage zum be- und entschleunigenden Element der dramaturgischen Gestaltung der Filme wird. Vor allem in BADLANDS lassen sich Momente purer Atmosphäre finden, die als *episodic moods* (Sinnerbrink) gedeutet werden können, die als wiederkehrende atmosphärische Einschübe die Handlung zum Stehen bringen. Hierbei ist ein deutlicher modaler Wechsel zwischen Narrativem und Atmosphärischem erkennbar. In Malicks Filmen ab THE THIN RED LINE, in denen das narrative Moment sukzessive immer mehr in den Hintergrund tritt, muten die Filme sogar teils wie eine Aneinanderreihung von Momenten purer Atmosphäre an. Es lassen sich dabei *episodic moods* vor allem über die musikalische Gestaltung herausfiltern, wenn etwa wiederkehrende musikalische Leitmotive wie die Xylophonklänge in BADLANDS oder die Klarinettenmelodie in KNIGHT OF CUPS die Filme durchziehen und mit Atmosphären des Verträumten oder der Melancholie und Schwermut erfüllen. In den atmosphärischen Brüchen innerhalb der einzelnen Filme finden sich, will man bei der Terminologie von Sinnerbrink bleiben, ebenso *transitional moods*, die in einem fließenden Gestus ineinander übergehen. Die Atmosphären in Malicks Filmen bringen aber nicht nur Umschwünge in der Stimmung eines Films, sondern werden selbst auch zum Handlungsträger und dramaturgischen Element. Da sich vor allem Malicks spätere Filme klassisch narrativen Strukturen verweigern, ist das Konzept der *mood sequences*, das die Sequenzen in Relation zu narrativ geprägten Passagen eines Films stellt, generell nur mit Einschränkungen auf seine Filme übertragbar.

Eine nach Seeßlen genuin filmische Atmosphäre, eine eigene Zeichenwelt, entsteht bei Malick vor allem durch die Poetik seiner Kameragestaltung. Einstellungen von Blättern, Gräsern, Baumkronen, Himmelspanoramen und Abenddämmerungen werden zu ikonographischen Bildern innerhalb seines Gesamtwerkes. Diese können, vor allem weil sie so oft scheinbar von der Narration „abdriften", als atmosphärische *cues* gedeutet werden (Smith). Eine Lichtwirkung einfallenden Sonnenlichts oder die haptische Wirkung von Händen, die über ein Gesicht oder Weizenähren streicheln, können zu atmosphärischen Auslösereizen werden, die sich assoziativ mit den vorherigen und nachfolgenden Bildern verbinden. Gerade in der Flüchtigkeit der Momentaufnahmen bei Passagen mit hoher Schnittfrequenz kann man davon sprechen, dass sich atmosphärische *cues* zu einem Gesamteindruck verbinden. Farbwirkungen, Lichtmetaphorik oder die Kameragestaltung, die eine große Intimität und Nähe zu den Figuren evoziert, können zudem als mit affektiven Qualitäten aufgeladen betrachtet werden (Plantinga), um einen gewissen *art mood* heraufzubeschwören.

Malicks Filme geben generell sehr wenig Informationen über die Figuren und deren Motivationen preis, sodass eine psychologisierende Einfühlung in die Figuren nicht ermöglicht wird. So haben viele Protagonisten innerhalb der Diegese nicht einmal einen Namen. Somit scheinen Malicks Filme hinsichtlich ihrer narrativen Informationsdichte prädestiniert dafür zu sein, als „Stimmungsfilme" betitelt zu werden (Smith). Einstiege in Malicks Filme sind dabei deutlich als *disclosive moods* (Sinnerbrink) gekennzeichnet, die die sinnliche Wahrnehmung der filmischen Welten atmosphärisch fokussieren, und keine narrativen Einführungen zu Handlung und Figuren bieten, etwa wenn die Farm in DAYS OF HEAVEN sinnlich erkundet wird oder eine Klangkulisse von Naturgeräuschen in THE NEW WORLD einführt.

Die atmosphärischen (Wechsel-)Wirkungen des Bilderflusses und der Voice-Over wiederum können mit den skizzierten Ansätzen nicht ausreichend erfasst werden. Am ehesten lassen sich die atmosphärischen Bewegungsanmutungen nach Böhme mit der atmosphärischen Wirkung des Bilderstroms der Momentaufnahmen verbinden. Dabei wird die Bewegung im Bild sowie zwischen den Bildern als eine Kraft der Be- und Entschleunigung, eine Anmutung des Aufsteigens, Abfallens und Fließens wahrgenommen, die den Zuschauer in seinem affektiven und somatischen Filmerlebnis erfassen kann. Die atmosphärische Kategorie der Montage erschafft über Glieder einer Assoziationskette eine Gesamtstimmung, die sich dem einzelnen Herauslösen dieser Glieder aus dem Fluss der Bilder entzieht.

Die von phänomenologischen Ansätzen propagierte verkörperte Filmwahrnehmung des taktilen und somatischen Filmerlebnisses zeigt sich vor allem in Malicks atmosphärischen Inszenierungen des Settings und der großen Sinnlichkeit zwischen den Figuren.

Hinsichtlich der von Böhme angeführten atmosphärischen Umgebungsqualität, in die ein Subjekt eingebettet ist, kann bei Malick davon gesprochen werden, dass die atmosphärische Inszenierung seiner filmischen Räume wie die Gestaltung einer Umgebungsqualität anmutet. Denn die sinnliche Wahrnehmung der Räume schafft ein Sinnesfeld, das Qualitäten des Windes, des Wassers und der Oberflächentexturen spürbar macht.

Zudem eröffnet Malicks Inszenierung der filmischen Räume zugleich atmosphärische Wahrnehmungsräume. Dies sind erfühlte Wahrnehmungsräume, räumliche Gefühlstöne, die Enge, Weite oder einen atmosphärischen Zwischenraum des Dunstes fühlbar machen. Die Atmosphären in Malicks Filmen avancieren so zu einem bestimmenden Element filmischer Raumgestaltung und Raumwahrnehmung. Seine Settings werden als Umgebungsqualitäten wahrgenommen, die äußerst sinnlich ausgekleidet werden und oftmals zum eigentlichen Bild- und Wahrnehmungszentrum avancieren. Als sensueller Zugang zur filmischen Welt werden die Umgebungswelten in Malicks Filmen so zu einem atmosphärischen Hof, der Figuren und Umwelt vereint (Wulff).

Dass sich die Atmosphären in Malicks Filmen nur teilweise mit den vorgestellten Theorien und Ansätzen fassen lassen, ist ein Zeichen dafür, dass das diffuse Etwas, das Atmosphären umgibt, sich gegen ein einheitliches Regelwerk der Analyse und Theoretisierung sträubt. So wie sich Atmosphären aus dem realen Leben nicht mit Analysesystematiken erfassen lassen, scheint es auch beim Film eine jedem Einzelwerk inhärente individuelle atmosphärische Ausdruckskraft zu geben.

Kann die atmosphärische Gestaltung der Filme eines Regisseurs dabei als Ausdruck eines individuellen Stils fungieren? Ich bin durchaus der Auffassung, dass es gerade Malicks atmosphärischer Gestus ist, der seine Filme zu einem einheitlichen, individuellen Stil verdichtet. Malick hat im Laufe seiner Karriere einen unverwechselbaren Erzählstil geschaffen, bei dem sich eine große Homogenität der künstlerischen Ausdrucksmittel finden lässt. Seine besonders sinnlichen Filme bieten sich als Filmerlebnisse dar, die abseits vom Inhalt über die Sprache ihrer Filmstilistik und Ästhetik Brücken zum Zuschauer bauen, die ein weites Feld der Assoziationen, Eindrücke und Stimmungen ermöglichen. Eine philosophierende, nachdenkliche, besinnliche Grundstimmung durchzieht seine Filme. Eindrücke eines „überwältigenden Bilderstrom[s]“ (Kamalzadeh/Pekler 2013: 184) entstehen vor allem durch die hohe Dynamik und Beweglichkeit der Kameragestaltung sowie die fließende Montage. Die Assoziationsketten zwischen den Bildern wirken dabei als die einzelnen Momente zusammenhaltende, (Sinn-)Einheit stiftende Elemente, als ein intuitiv empfundenes atmosphärisches Gesamtbild.

Malicks Filme präsentieren sich selbst als atmosphärische Anmutungsqualitäten, indem sie ein räumliches, somatisches und zeitliches Im-Moment-Sein der Bilder ermöglichen.

Die taktilen Filmbilder der Berührungen, Oberflächen und Gesten wiederum sind bestrebt, über die Visualität und Haptik der Bilder das Erzählte sinnlich und atmosphärisch zu vermitteln.

So verknüpfen sich in Malicks Filmen viele verschiedene Gestaltungsebenen zu einem atmosphärischen Totaleindruck, der seine Filme zu einem besonderen Atmosphärenerlebnis macht und als Charakteristikum seines Filmstils hervorsticht.

6. Literaturverzeichnis

Andermann, Kerstin (2011): Die Rolle ontologischer Leitbilder für die Bestimmung von Gefühlen als Atmosphären. In: Dies./Eberlein, Undine (Hrsg.): Gefühle als Atmosphären. Neue Phänomenologie und philosophische Emotionstheorie. Deutsche Zeitschrift für Philosophie, 29. Berlin, S. 79-96.

Andermann, Kerstin/Eberlein, Undine (2011 a): Gefühle als Atmosphären? Die Provokation der Neuen Phänomenologie. In: Dies. (Hrsg.): Gefühle als Atmosphären: neue Phänomenologie und philosophische Emotionstheorie. Deutsche Zeitschrift für Philosophie, 29. Berlin, S. 7-20.

Andermann, Kerstin/Eberlein, Undine (Hrsg.) (2011 b): Gefühle als Atmosphären. Neue Phänomenologie und philosophische Emotionstheorie. Deutsche Zeitschrift für Philosophie, 29. Berlin.

Balázs, Béla (1924): Der sichtbare Mensch oder die Kultur des Films. Wien.

Barthes, Roland (1990): Der entgegenkommende und der stumpfe Sinn. Frankfurt am Main.

Barthes, Roland (2009): Die helle Kammer. Bemerkung zur Photographie. Frankfurt am Main.

Bauer, Matthias/Hochscherf, Tobias (2013): Phaneroskopie: Erste Überlegungen zur orektischen Filmanalyse. In: Schmitz, Hermann (Hrsg.): Atmosphären: gestimmte Räume und sinnliche Wahrnehmung. Jahrbuch immersiver Medien, 2013. Marburg, S. 96-116.

Bautz, Timo (2007): Stimmig / unstimmig. Was unterscheidet Atmosphären? In: Goetz, Rainer (Hrsg.): Atmosphäre(n): interdisziplinäre Annäherungen an einen unscharfen Begriff. München, S. 111-122.

Beaver, Frank (1994): Dictionary of film terms. The aesthetic companion to film analysis. New York.

Becker, Ilka (2010): Fotografische Atmosphären. Rhetorik des Unbestimmten in der zeitgenössischen Kunst. München.

Bignell, Jonathan (2005): From detail to meaning: Badlands (Terrence Malick, 1973) and cinematic articulation. In: Gibbs, John (Hrsg.): Style and meaning. Studies in the detailed analysis of film. Manchester.

Bleek, Jennifer (2009): Badlands – Zerschossene Träume. In: Moormann, Peter (Hrsg.): Klassiker der Filmmusik. Stuttgart, S. 192-195.

Blum, Elisabeth (2010): Atmosphäre. Hypothesen zum Prozess räumlicher Wahrnehmung. Baden.

Böhme, Gernot (1998): Anmutungen. Über das Atmosphärische. Ostfildern.

Böhme, Gernot (2002): Wahrnehmung von Atmosphären. In: Basfeld, Martin/Kracht, Thomas (Hrsg.): Subjekt und Wahrnehmung. Beiträge zu einer Anthropologie der Sinneserfahrung. Basel, S. 19-38.

Böhme, Gernot (2006): Architektur und Atmosphäre. Paderborn.

Böhme, Gernot (2007 a): Atmosphären wahrnehmen, Atmosphären gestalten, mit Atmosphären leben: Ein neues Konzept ästhetischer Bildung. In: Goetz, Rainer (Hrsg.): Atmosphäre(n): interdisziplinäre Annäherungen an einen unscharfen Begriff. München, S. 31-44.

Böhme, Gernot (2007 b): Dunstbilder. Unschärfe in der Fotografie. In: Gamm, Gerhard/Schürmann, Eva (Hrsg.): Das unendliche Kunstwerk: von der Bestimmtheit des Unbestimmten in der ästhetischen Erfahrung. Hamburg, S. 235-248.

Böhme, Gernot (2013): Atmosphäre. Essays zur neuen Ästhetik. 7., erw. u. überarb. Aufl. Berlin.

Brunner, Philipp/Schweinitz, Jörg/Tröhler, Margrit (Hrsg.) (2012): Filmische Atmosphären. Zürcher Filmstudien, 30. Marburg.

Busk, Michael Reid (2013): *The Connoisseur of Pain: A Novel* and “A New and Sharper Vision”: Sensuous Aesthetics as Theological Immersion in Terrence Malick’s *The Tree of Life,* Thomas Kinkade’s Landscapes, and Ron Hansen’s *Mariette in Ecstasy.* Dissertation. Faculty of the University of Southern California.

Carruthers, Lee (2016): Doing Time. Temporality, Hermeneutics, and Contemporary Cinema. Albany, NY.

Cicero online (o.J.): Heideggers einsamer Cowboy. http://cicero.de/kultur/heideggers-einsamer-cowboy/42101 (10.06.2017).

Critchley, Simon (2005): Calm: On Terence Malick's *The Thin Red Line*. In: Read, Rupert J. (Hrsg.): Film as philosophy. Essays in cinema after Wittgenstein and Cavell. Basingstoke, S. 133-148.

Crofts, Charlotte (2001): From the Hegemony of the Eye to the Hierarchy of Perception. The reconfiguration of sound and image in Terrence Malick's Days of Heaven. In: Jorunal of Media Practice, 2. Bd., Nr. 1, S. 19-29.

Davies, David (2011): Terrence Malick. In: Livingston, Paisley (Hrsg.): The Routledge Companion to Philosophy and Film. London, S. 569-580.

Ebert, Roger (1999): The Thin Red Line. http://www.rogerebert.com/reviews/the-thin-red-line-1999 (05.06.2017).

Egger, Christoph (2011): Schöpfungsakt und Hader mit Gott. http://www.tagblatt.ch/nachrichten/kultur/Schoepfungsakt-und-Hader-mit-Gott;art41,2573721 (15.06.2017).

Eisenstein, Sergej M. (2003): Montage der Attraktionen. In: Albersmeier, Franz-Josef (Hrsg.): Texte zur Theorie des Films. 5. durchg. u. erw. Aufl. Stuttgart, S. 58-69.

Elsaesser, Thomas/Hagener, Malte (2008): Filmtheorie zur Einführung. 2. Aufl. Hamburg.

Filippidis, Michael (2000): On Malick’s Subjects. http://sensesofcinema.com/2000/terrence-malick/malick-2/ (26.06.2017).

Goetz, Rainer (Hrsg.) (2007): Atmosphäre(n): interdisziplinäre Annäherungen an einen unscharfen Begriff. München.

Gorgé, Viktor (2007): Über zwei komplementäre Weisen der Welterfahrung. In: Goetz, Rainer (Hrsg.): Atmosphäre(n): interdisziplinäre Annäherungen an einen unscharfen Begriff. München, S. 17-30.

Grabbe, Lars C. (2013): Phänomenale Präsenz der Atmosphäre im Film. Ein Divergenzphänomen zwischen immersivem Potenzial und Diskrepanzerfahrung. In: Schmitz, Hermann (Hrsg.): Atmosphären: gestimmte Räume und sinnliche Wahrnehmung. Jahrbuch immersiver Medien, 2013. Marburg, S. 82-95.

Hanich, Julian (2011): Cinematic Emotion in Horror Films and Thrillers. The Aesthetic Paradox of Pleasurable Fear. Routledge Advances in Film Studies. New York.

Hartmann, Britta (2012): Atmosphärische Dichte als Kinoerfahrung. In: Brunner, Philipp/Schweinitz, Jörg/Tröhler, Margrit (Hrsg.): Filmische Atmosphären. Zürcher Filmstudien, 30. Marburg, S. 125-142.

Hasse, Jürgen (2012): Atmosphären der Stadt. Aufgespürte Räume. Berlin.

Heibach, Christiane (2012): Manipulative Atmosphären. Zwischen unmittelbarem Erleben und medialer Konstruktion. In: Dies. (Hrsg.): Atmosphären. Dimensionen eines diffusen Phänomens. HFG-Forschung, 3. Paderborn, S. 261-284.

Heller, Franziska (2012): Vom Tropfen zur Sphäre. Regen und seine filmisch-atmosphärischen Qualitäten. In: Brunner, Philipp/Schweinitz, Jörg/Tröhler, Margrit (Hrsg.): Filmische Atmosphären. Zürcher Filmstudien, 30. Marburg, S. 159-176.

Henckmann, Wolfhart (2007): Atmosphäre, Stimmung, Gefühl. In: Goetz, Rainer (Hrsg.): Atmosphäre(n): interdisziplinäre Annäherungen an einen unscharfen Begriff. München, S. 45-84.

Hintermann, Carlo/Villa, Daniele (2015): Terrence Malick: Rehearsing the Unexpected. London.

Huizing, Klaas (2007): Der Tru(e)man der Mediengesellschaft. In: Goetz, Rainer (Hrsg.): Atmosphäre(n): interdisziplinäre Annäherungen an einen unscharfen Begriff. München, S. 163-174.

Kamalzadeh, Dominik/Pekler, Michael (2013): Terrence Malick. Marburg.

Koebner, Thomas (2011): Atmosphäre / Atmo. In: Ders. (Hrsg.): Reclams Sachlexikon des Films. 3., aktualisierte und erw. Aufl. Stuttgart, S. 37-39.

Koehler, Robert (2013): What the hell happened with Terrence Malick? In: Cineaste, 38. Bd., Nr. 4, S. 4-9.

Kronemeyer, Nadja (2006) : Der schmale Grat. In: Klein, Thomas/Stiglegger, Marcus/Traber, Bodo: Filmgenres. Kriegsfilm. Stuttgart.

Lee, Hwanhee (2002): Terrence Malick. http://sensesofcinema.com/2002/great-directors/malick/ (26.06.2017).

Lehtimäki, Markku (2012): Watching a Tree Grow: Terrence Malick's The New World and the Nature of Cinema. In: Ders. (Hrsg.): Narrative, interrupted. The plotless, the disturbing and the trivial in literature. Berlin, S. 120-138.

Löffler, Davor (2013): Leben im Futur II Konjunktiv. Über das Phänomen Atmosphäre und dessen Bedeutung im Zeitalter der technischen Immersion. In: Schmitz, Hermann (Hrsg.): Atmosphären: gestimmte Räume und sinnliche Wahrnehmung. Jahrbuch immersiver Medien, 2013. Marburg, S. 23-37.

Martig, Charles (2013): Der Zeit enthoben. Terrence Malick, Lars von Trier und Carlos Reygadas. In: Ders. (Hrsg.): Räume, Körper und Ikonen: (post-)konfessionelle Filmikonographien. Film und Theologie, 19. Marburg, S. 261-285.

Mauer, Roman (2006): Gefühlstöne. Musik und Atmosphäre in den Filmen von Jim Jarmusch. In: Marschall, Susanne (Hrsg.): Mit allen Sinnen. Gefühl und Empfindung im Kino. Marburg, S. 345-354.

McCann, Ben (2003): 'Enjoying the Scenery': Landscape and the Fetishisation of Nature in Badlands and Days of Heaven. In: Patterson, Hannah (Hrsg.): The cinema of Terrence Malick. Poetic visions of America. London, S. 75-99.

Mihm, Kai (2000): Balladen über eine verschwindende Welt. Terrence Malick als Chronist der amerikanischen Seele. In: Stiglegger, Marcus (Hrsg.): Splitter im Gewebe: Filmemacher zwischen Autorenfilm und Mainstreamkino. Mainz, S. 44-58.

Monaco, James (2003): Film und neue Medien. Lexikon der Fachbegriffe. 2. Aufl. Reinbek bei Hamburg.

Morrison, James/Schur, Thomas (2003): The films of Terrence Malick. Westport, CT.

Morsch, Thomas (2011): Medienästhetik des Films. Verkörperte Wahrnehmung und ästhetische Erfahrung im Kino. München.

Noël Carroll (1999): Film, Emotion, and Genre. In: Plantinga, Carl/Smith, Greg M. (Hrsg.): Passionate views. Film, cognition, and emotion. Baltimore.

o.A. (2016): From the Malick Archives. https://www.criterion.com/current/posts/4331-from-the-malick-archives (28.06.2017).

Orr, John (2003): Terrence Malick and Arthur Penn: The Western Re-Myth. In: Patterson, Hannah (Hrsg.): The cinema of Terrence Malick. Poetic visions of America. London, S. 61-74.

Patterson, Hannah (2003): Introduction: Poetic Visions of America. In: Dies. (Hrsg.): The cinema of Terrence Malick. Poetic visions of America. London, S. 1-12.

Plantinga, Carl (2012): Art Moods and Human Moods in Narrative Cinema. In: New Literary History, 43. Jg., Nr. 3, S. 455-475.

Power, Richard (2003): Listening to the Aquarium: The Symoblic Use of Music in *Days of Heaven*. In: Patterson, Hannah (Hrsg.): The cinema of Terrence Malick. Poetic visions of America. London, S. 100-109.

Prange, Regine (2010): „Comme au cinéma. Le ciel est bleu." Zur ästhetischen Tradition der Himmelsschau und ihrer Bedeutung im Frühwerk Jean-Luc Godards. In: Arburg von, Hans-Georg (Hrsg.): Stimmung / Mood. Figurationen, 11. Jg., Nr. 2. Köln, S. 39-67.

Rauh, Andreas (2007): Versuche zur aisthetischen Atmosphäre. In: Goetz, Rainer (Hrsg.): Atmosphäre(n): interdisziplinäre Annäherungen an einen unscharfen Begriff. München, S. 123-142.

Rauh, Andreas (2012): Die besondere Atmosphäre. Ästhetische Feldforschungen. Kultur- und Medientheorie. Bielefeld.

Robnik, Drehli (2007): Körper-Erfahrung und Film-Phänomenologie. In: Felix, Jürgen (Hrsg.): Moderne Film Theorie. 3. Aufl. Mainz, S. 246-280.

Röwekamp, Burkhard (2011): Antikriegsfilm. Zur Ästhetik, Geschichte und Theorie einer filmhistorischen Praxis. München.

Rybin, Steven (2012): Terrence Malick and the Thought of Film. Plymouth.

Schmitt, Christian (2009): Kinopathos. Große Gefühle im Gegenwartsfilm. Berlin.

Schmitz, Hermann (2009): Der Leib, der Raum und die Gefühle. 2. Aufl. Bielefeld.

Schneider, Steven Jay (2004): Terrence Malick's war film sutra: meditating on *The Thin Red Line*. In: Ders. (Hrsg.): New Hollywood violence. Manchester, S. 164-182.

Seeßlen, Georg (1998): Das Atmen der Bilder. Atmosphäre im Film und ihre Metamorphosen bis David Lynch. In: Auer, Gerhard/Conrads, Ulrich (Hrsg.): Konstruktion von Atmosphären. Constructing Atmospheres, Daidalos, 68. Gütersloh, S. 120-127.

Seitz, Matt (2013): Whispered thoughts: the evolution of Terrence Malick's voice-over. http://www.rogerebert.com/mzs/whispered-thoughts-the-evolution-of-terrence-malicks-voice-over (10.06.2017).

Silberman, Robert (2003): Terrence Malick, Landscape and 'This War at the Heart of Nature'. In: Patterson, Hannah (Hrsg.): The cinema of Terrence Malick. Poetic visions of America. London, S. 160-172.

Sinnerbrink, Robert (2012 a): Cinematic Belief: Bazinian Cinephilia and Malick's The Tree of Life. In: Angelaki, 17. Jg., Nr. 4, S. 95-117.

Sinnerbrink, Robert (2012 b): Stimmung: exploring the aesthetics of mood. In: Screen, 53. Jg., Nr. 2, S. 148-163.

Smid, Tereza (2012): Entgrenzte Stimmungsräume. Atmosphärische Funktionen filmischer Unscharfe. In: Brunner, Philipp/Schweinitz, Jörg/Tröhler, Margrit (Hrsg.): Filmische Atmosphären. Zürcher Filmstudien, 30. Marburg, S. 143-158.

Smith, Greg M. (1999): Local Emotions, Global Moods, and Film Structure. In: Plantinga, Carl/Smith, Greg M. (Hrsg.): Passionate views. Film, cognition, and emotion. Baltimore, S. 103-126.

Smith, Greg M. (2003): Film structure and the emotion system. Cambridge.

Sobchack, Vivian (1992): The address of the eye. A phenomenology of film experience. Princeton.

Sobchack, Vivian (2000): What My Fingers Knew. The Cinesthetic Subject, or Vision in the Flesh. http://sensesofcinema.com/2000/conference-special-effects-special-affects/fingers/ (15.06.2017).

Sobchack, Vivian (2011): Phenomenology. In: Livingston, Paisley (Hrsg.): The Routledge Companion to Philosophy and Film. London, S. 435-445.

Stiglegger, Marcus (2006): Der schmale Grat. In: Koebner, Thomas (Hrsg.): Filmklassiker. Beschreibungen und Kommentare. Bd.5, 5., überarb. und erw. Aufl. Stuttgart, S. 199-203.

Tröhler, Margrit (2012): Einleitung. Filmische Atmosphären – eine Annäherung. In: Brunner, Philipp/Schweinitz, Jörg/Tröhler, Margrit (Hrsg.): Filmische Atmosphären. Zürcher Filmstudien, 30. Marburg, S. 11-24.

Wierzbicki, James (2003): Sound as Music in the Films of Terrence Malick. In: Patterson, Hannah (Hrsg.): The cinema of Terrence Malick. Poetic visions of America. London, S. 110-122.

Wulff, Hans J. (2012): Prolegomena zu einer Theorie des Atmosphärischen im Film. In: Brunner, Philipp/Schweinitz, Jörg/Tröhler, Margrit (Hrsg.): Filmische Atmosphären. Zürcher Filmstudien, 30. Marburg, S. 109-124.

Zechner, Anke (2013): Die Sinne im Kino. Eine Theorie der Filmwahrnehmung. Nexus, 93. Frankfurt am Main.

7. Filmverzeichnis

Badlands (Badlands – Zerschossene Träume, USA 1973), Regie: Terrence Malick. DVD: Süddeutsche Zeitung Cinemathek, D 2005.

Citizen Kane (USA 1941), Regie: Orson Welles.

Days of Heaven (In der Glut des Südens, USA 1978), Regie: Terrence Malick. Digitale Version: Amazon Video.

Knight of Cups (USA 2015), Regie: Terrence Malick. DVD: Studiocanal GmbH, D 2015.

New World, The (USA 2005), Regie: Terrence Malick. DVD: MMVI New Line Home Entertainment, D o.J.

Piano, the (Das Piano, NZL/AUS 1993), Regie: Jane Campion.

Song to Song (USA 2017), Regie: Terrence Malick.

Suspicion (Verdacht, USA 1941), Regie: Alfred Hitchcock.

Thin Red Line, The (Der schmale Grat, USA 1998), Regie: Terrence Malick. DVD: Twentieth Century Fox Home Entertainment LLC, D 2013.

To the Wonder (USA 2012), Regie: Terrence Malick. DVD: Studiocanal GmbH, D 2013.

Tree of Life, The (USA 2011), Regie: Terrence Malick. DVD: Concorde Home Entertainment GmbH, D 2011.